다시
낙타를
타야
한다고?

이상한 지구 여행 ⑦ 에너지

다시 낙타를 타야 한다고?

초판 1쇄 발행 | 2020년 1월 3일
초판 5쇄 발행 | 2022년 5월 19일

지은이 | 장성익
그린이 | 국민지
펴낸이 | 나힘찬

기획편집총괄 | 김영주
디자인총괄 | 고문화
사진 | 게티이미지뱅크, 유엔기후변화회의, VOA
유통총괄 | 북패스

펴낸 곳 | 풀빛미디어
등록 | 1998년 1월 12일 제2021-000055호
주소 | (10411) 경기도 고양시 일산동구 정발산로 166번길 21-9 (마두동)
전화 | 031-903-0210
팩스 | 02-6455-2026

이메일 | sightman@naver.com
홈페이지 | pulbitme.modoo.at
인스타그램 | @pulbitmedia_books
블로그 | blog.naver.com/pulbitme
포스트 | post.naver.com/pulbitme
페이스북 | www.facebook.com/pulbitmedia

ISBN 978-89-6734-102-2 74300
ISBN 978-89-88135-95-2 (세트)

저작권법에 따라 보호받는 저작물이므로 무단 전재와 복제를 금합니다.
책값은 뒤표지에 있습니다.
파본은 구매하신 서점에서 바꾸어 드립니다.

━━ 어린이제품 안전특별법에 의한 기타표시사항 ━━
제품명 도서 | **제조자명** 풀빛미디어 | **제조년월** 2022년 5월 | **사용연령** 8세 이상 | **제조국명** 한국
주소 (10411) 경기도 고양시 일산동구 정발산로 166번길 21-9 | **전화번호** (031) 903-0210

다시 낙타를 타야 한다고?

0 0 7
이상한 지구 여행
에너지

장성익 글
국민지 그림

풀빛미디어

_ 책을 내면서 _

"당신들은 헛된 말로 제 꿈과 어린 시절을 빼앗아 갔습니다. 저는 학교로 돌아가서 공부를 해야 할 학생입니다. 그런데도 여기에 온 이유는 당신들이 저와 젊은이들의 꿈을 앗아갔기 때문입니다. (…) 사람들이 죽어가고 있습니다. 생태계 전체가 무너져 내리고 있습니다. 그런데도 여러분이 하는 이야기는 온통 돈과 끝없는 경제성장의 신화에 관한 것뿐입니다. 도대체 어떻게 그럴 수 있습니까? 우리는 당신들을 지켜볼 것입니다. 빨리 움직여 주십시오."

이것은 스웨덴의 17살 여학생인 그레타 툰베리가 유엔 기후행동

정상회의에서 한 연설의 한 대목입니다. 툰베리는 최근 세계를 움직이는 주역 가운데서도 특별한 주목을 모으고 있는 10대 환경운동가입니다. 그는 어린 나이임에도 지구촌 최대의 환경문제인 기후변화 문제 해결을 촉구하며 등교 거부라는 기후 파업 운동을 열성적으로 펼쳤습니다.

 이 소식이 퍼져나가면서 세계의 수많은 청소년이 기후변화를 해결하려는 운동에 직접 나섰고, 이제는 세계 전체가 그의 목소리에 귀를 기울이고 있습니다. 앞의 연설에서 툰베리는 수십 개 나라에서 온 지도자들을 비롯해 세계를 쥐락펴락하는 어른들을 향해 이 지구와 뭇 생명의 미래를 망가뜨리고 있는 기후 위기를 어서 빨리 해결하라고 호소했습니다. 그러면서 이렇게 외쳤습니다.

 "말로만 떠들지 말고 지금 당장 행동하십시오."

 10대 청소년의 '작은 몸짓'이 세계를 뒤흔들 수 있었던 이유는 뭘까요? 그것은 기후변화가 그만큼 엄청난 재앙이기 때문입니다. 우리 인류의 지속 가능한 생존 자체를 뿌리에서부터 위협하고 있지요. 아무리 문명과 경제와 과학기술 등이 눈부시게 발전해도 본디 사람이란 자연 속에서 살아갈 수밖에 없습니다. 바로 그 자연의 질서와 본성을 마구 망가뜨리고 어지럽히는 주범이 기후변화입니다. 우리 삶의 토대를 파괴하는 것이 기후변화라는 얘기지요.

이 책의 주제인 에너지 문제가 얼마나 중요한지가 여기서 명백히 드러납니다. 인간이 석유, 석탄, 가스 같은 화석연료를 에너지원으로 지나치게 많이 사용한 결과가 기후변화이기 때문입니다. 잘 알다시피, 사람은 물론 어떤 생명체도 에너지 없이는 한순간도 살 수 없습니다. 에너지 자체가 자연에서 온 '태양의 선물'입니다. 그처럼 소중한 에너지가 지금은 아주 '위험천만한 흉기'가 되어버렸습니다. 게다가 우리가 누리는 물질의 풍요와 안락한 생활을 떠받쳐주던 화석연료 같은 에너지원이 급속히 고갈되고 있습니다. 한마디로, 에너지와 관련된 여러 위기를 긴급히 해결하지 않으면 미래의 생존이나 안녕을 보장할 수 없는 것이 지금의 현실입니다.

우리는 에너지와 어떤 관계를 맺고 있을까요? 어쩌다 이렇게 됐을까요? 우리의 사회경제 시스템과 삶의 방식이 어떻기에 이런 위기가 닥쳤을까요? 이 위기를 극복하려면 무엇을 어떻게 해야 할까요? 이 책은 이런 질문들에 대한 답입니다.

책 끝부분에서도 소개하고 있듯이 대표적인 석유 국가인 사우디아라비아에는 이런 격언이 전해 내려옵니다.

"내 아버지는 낙타를 타고 다녔다. 나는 차를 몰고 다닌다. 내 아들은 제트 여객기를 타고 다닌다. 내 아들의 아들은 다시 낙타를 타고 다닐 것이다."

지금의 기후변화와 에너지 위기를 극복하지 못할 때 우리가 만나게 될 현대 문명의 파국적 결말을 빗댄 말이지요.

에너지 없이는 살 수 없습니다. 이 세상은 에너지에서 탄생했고 에너지로 유지됩니다. 에너지는 이 세상과 우리 삶을 똑바로 이해하는 열쇠입니다. 세상과 삶을 바꾸는 열쇠이기도 합니다. 이 책을 읽으면서 그 열쇠를 손에 넣기 바랍니다.

2020년 1월

장성익

_ 차례 _

책을 내면서 – 4

1장 ★ 에너지란 무엇인가? – 11

프로메테우스는 왜 불을 훔쳤을까? | 태초에 에너지가 있었으니 | 에너지가 걸어온 길 | 화석연료의 두 얼굴 | '에너지 노예'가 없다면

2장 ★ 석유의 그늘 – 39

현대 문명의 젖줄 | 석유의 역사를 들여다보니 | 잔치는 언제까지 계속될까? | 무서워라, 자원의 저주 | 파괴와 죽음의 무덤 위에서 | 전쟁과 분쟁의 씨앗 | 석유는 민주주의를 싫어해 | 셰일 에너지가 대안이라고? | 석유 문명을 넘어

3장 ★ 앗 뜨거워라, 지구 온난화 – 87

사라지는 나라들 | 지구 온난화는 왜 일어날까? | 자연의 역습 | 정의의 눈으로 기후변화를 보니 | 기후변화를 막으려면? | 돈과 기술이 해결책일까? | 개인보다는 구조를 주목하라

4장 ★ 원자력발전이여 안녕 – 123

재앙의 에너지 | 체르노빌, 후쿠시마, 그다음은? | 영원히 불을 끌 수 없다면 | 방사능보다 더 위험한 것은 | 원전을 둘러싼 잘못된 신화 | 원전 없는 세상은 가능하다 | 기어이 가야 할 길

5장 ★ 세상을 바꾸자, 에너지 전환 – 157

두 세상 이야기 | 에너지 전환과 '에너지 시민' | 에너지 낭비의 주범은? | 재생에너지에 날개를 | 과거와 미래 사이에서 | 바이오 연료는 재생에너지일까? | 와우, 이런 나라들도 있는데 | 기술 발전을 가로질러 | 다시 낙타를 타기 싫다면

도움받은 책들 – 202

1장 ★

에너지란 무엇인가?

프로메테우스는 왜 불을 훔쳤을까?

인류는 불을 사용하기 시작하면서 비로소 문명의 길로 들어섰습니다. 그리스신화를 보면 사람이 맨 처음 불을 어떻게 사용하게 됐는지에 관한 이야기가 나옵니다. 주인공은 프로메테우스입니다.

사람을 사랑하는 신이었던 그는 신들의 우두머리인 제우스가 감춰두었던 불을 훔쳐 사람에게 전해줍니다. 본래 불은 신들만이 가질 수 있고 누릴 수 있는 것이었습니다. 그 신성한 불이 프로메테우스 덕분에 사람에게도 전해진 것입니다. 하지만 그 대가로 프로메테우스는 혹독한 벌을 받습니다. 코카서스 산맥의 높은 산 정상의 바위에 묶여 날마다 간을 독수리에게 쪼아 먹히지요.

테오도르 롬보위츠(1597-1637)가 그린 프로메테우스(16세기)

그 간은 없어지지 않습니다. 아무리 쪼아 먹혀도 밤새 다시 자라납니다. 끝없이 되풀이되는 끔찍한 징벌의 쇠사슬에 묶이고 만 겁니다. 프로메테우스는 제우스의 아들이자 그리스신화에서 가장 위대한 영웅으로 묘사되는 헤라클레스가 쇠사슬을 풀어줄 때까지 3,000년 동안이나 고통 속에서 몸부림쳐야 했습니다.

도대체 불이 뭐길래 제우스는 프로메테우스에게 그토록 가혹한 벌을 내린 걸까요? 신과 사람 사이의 울타리를 허물었기에, 다시 말해 누구도 넘볼 수 없는 신의 권위를 훼손했기에 그랬던 걸까요? 아니면, 불이 사람에게 최고의 선물이긴 하지만 인류의 미래를 망가뜨

금속을 녹이는 용광로와 지켜보고 있는 사람

릴 수도 있는 아주 위험한 것이라는 사실을 경고하기 위함이었을까요?

프로메테우스라는 이름에는 '내다보다', '먼저 생각하다' 등의 뜻이 담겨있습니다. 이는, 신의 뜻을 거역하여 불을 훔치면 얼마나 큰 고난을 당해야 하는지를 프로메테우스가 이미 알고 있었음을 암시합니다. 그럼에도 그는 그런 무모한 짓을 저질렀습니다.

책의 첫머리에서 프로메테우스 이야기를 꺼낸 이유는 뭘까요? 그것은 이 이야기가 불이 얼마나 귀중하면서도 무서운 것인지를 새삼 일깨워주기 때문입니다. 여기서 잊지 말아야 할 사실이 있습니다.

사람이 불을 사용할 줄 알게 되면서 위대한 문명의 발걸음이 시작되었다는 건 단지 신화에만 나오는 허구적 이야기가 아니라는 게 그것입니다. 이것은 인류의 실제 역사입니다.

  불은 에너지입니다. 에너지의 강력하고도 원초적인 상징이 곧 불입니다. 에너지의 역사를 보면 첫 번째 에너지 혁명으로 꼽히는 것이 사람이 불을 만들어내고 다스리게 된 사건입니다. 불을 자유자재로 사용하게 된 덕분에 우리 인류는 그 이전에는 상상하기도 힘들었던 많은 일을 해낼 수 있게 되었기 때문입니다. 이를테면 추위를 이겨내거나, 다양한 음식을 익혀 먹거나, 갖가지 도구를 만들 수 있게 되었지요. 이 모두 인류 문명의 역사에서 아주 중요한 의미를 지니는 획기적인 성취였습니다.

태초에 에너지가 있었으니

　에너지가 인류 문명의 탄생에만 이바지했을까요? 아닙니다. 우주의 탄생 또한 에너지에서 비롯했습니다. 대체로 우주는 138억 년 전에 생겨난 것으로 봅니다. 그럼, 우주가 탄생하기 이전엔 무엇이 있었을까요? 우주는 맨 처음 어떻게 만들어졌을까요? 대부분의 과학자는 빅뱅(Big Bang), 곧 대폭발 이론으로 우주의 기원을 설명하는 데 동의합니다.

　이에 따르면, 우주가 생겨나던 당시 엄청나게 단단히 뭉쳐진 어떤 힘, 곧 에너지가 있었습니다. 이 에너지가 일종의 점 같은 아주 좁은 곳에 몰려 있다가 어느 찰나에 대폭발을 일으키면서 순식간에 물질로 변했습니다. 이것이 계속 팽창하면서 만들어진 것이 우주입니다. 에너지에서 어떻게 지구나 태양 같은 것들이 생겨날 수 있었을까요? 이런 의문에 대해 현대과학은 이미 에너지가 물질로 변할 수 있고 반대로 물질 또한 에너지로 변할 수 있다는 사실을 밝혀냈습니다.

과학은 우주가 에너지에서 나왔다고 얘기합니다. 우주와 모든 생명의 '태초의 근원'이 에너지라는 얘기지요. 이처럼 중요한 것이 에너지입니다. 그런데 사실, 에너지가 얼마나 중요한지는 우주 탄생과 같은 거창한 이야기를 떠나 우리 일상생활을 잠깐만 떠올려봐도 금방 알 수 있습니다.

휴대전화, 컴퓨터, 텔레비전 등은 전기라는 에너지가 없으면 전혀 사용할 수 없습니다. 전기가 없으면 세상 전체가 암흑천지일 것입니다. 더위와 추위를 이겨낼 수 있는 것도 모두 전기나 석유, 가스 등과 같은 에너지로 냉난방을 할 수 있는 덕분입니다. 자동차, 비행기, 배 등은 연료라는 에너지가 없으면 아무짝에도 쓸모없는 고철 덩어리에 지나지 않습니다. 이런 예를 들자면 한도 끝도 없겠지요. 산업과 경제는 물론 일상생활의 거의 모든 측면에서 우리는 에너지에 절대적으로 의존하면서 살아갑니다. 생존의 또 다른 필수요소인 음식과 물도 에너지가 없으면 생산할 수도 없고 공급받을 수도

우리 주변의 다양한 에너지

없습니다. 한마디로 에너지 없이는 한순간도 존재할 수 없는 게 우리 삶과 인류 문명의 운명입니다.

그럼에도 우리는 에너지의 중요함이나 소중함을 잘 실감하지 못합니다. 언제 어디서나 원하는 대로 에너지를 쓸 수 있으니까요. 공기나 물이 그렇듯이 말입니다. 하지만 오늘날 에너지는 아주 다양하고도 커다란 위기에 맞닥뜨리고 있습니다. 이 에너지 위기는 최근 인류를 괴롭히는 수많은 문제의 원인이자 결과입니다. 이는 곧 이 세상과 우리 삶 전체가 근본적이고도 전면적인 위험에 빠져들고 있음을 뜻합니다. 우주 만물의 바탕이 에너지이기 때문이지요. 특히 현대사회에서 벌어지는 거의 모든 일은 직접으로든 간접으로든 에너지와 연관돼 있습니다.

그렇습니다. 에너지는 우리 삶의 '거울'이자 이 세상의 '압축판'이라고 할 수 있습니다. 그래서 에너지를 보면 인류가 걸어온 길과 현 주소는 물론 앞으로 가야 할 길도 알 수 있습니다. 에너지에 대한 보다 깊은 관심과 공부가 필요한 까닭입니다.

그렇다면 에너지란 구체적으로 뭘까요? 에너지란 일반적으로 '어떤 일을 할 수 있는 능력이나 힘', '어떤 활동의 근원이 되는 힘' 등으로 정의됩니다. 어떤 생물체나 사물의 위치, 속력, 온도, 구성 등에 변화를 만들어내는 일련의 과정에 작용하는 힘이 에너지입니다. 뭔가를 움직여서 옮기고, 빠르거나 느리게 하고, 뜨겁거나 차갑게 하고, 물질의 구성을 바꾸는 일 등을 해내는 어떤 '힘'이 에너지라는 거지요.

한데, 바로 앞에서 전기나 석유 등을 에너지라고 표현했습니다. 우리는 일상생활에서 에너지라는 말을 이렇게도 흔히 씁니다. 이 책에서도 이런 용법으로 에너지라는 말을 자주 쓸 것입니다. 하지만 엄밀히 따지면 에너지는 '힘'을 뜻하므로 전기나 석유는 에너지 자체라기보다는 에너지를 만들어내고 공급해주는 물질, 곧 '에너지원'이라고 할 수 있습니다.

에너지를 필요로 하는 게 기계나 물건뿐일까요? 아닙니다. 생명체 또한 생명을 유지하려면 반드시 에너지가 있어야 합니다. 우리가 하루 세 끼 식사를 하는 것은 우리 몸에 에너지를 채워 넣는 일입니다. 식사를 거르는 것은 에너지 공급을 중단하는 것입니다. 아무런 움직임도 없이 가만히 누워 있으면 에너지의 활동은 멈출까요? 아닙니다. 이럴 때에도 우리 몸은 음식에서 얻은 에너지를 사용하면서 생명 유지 활동을 쉼 없이 계속합니다. 호흡, 피의 순환, 심장 박동, 체온 유지 등이 그런 것들이지요. 살아 있다는 것은 에너지가 계속 흐르고 움직이고 활동한다는 것과 같은 말입니다.

이런 이야기들에서 짐작할 수 있듯이 에너지는 구체적인 실체라기보다는 일종의 추상적인 개념에 가깝다고 해야 할지도 모르겠습니다. 에너지는 눈으로 볼 수도 없고 손으로 만질 수도 없습니다. 무게, 냄새, 맛도 없습니다. '힘'이라는 게 본래 그러합니다. 그래서 에너지란 자연과 인간 세계에서 벌어지는 다양한 현상을 이해하려고 과학자들이 채택한 개념이라고 주장하는 사람들도 있습니다. 어쨌거나 에너지의 정확한 개념을 정교하게 정의하는 건 전문가들이 할 일입니다. 여기서는 '아, 에너지란 이런 거구나.' 하는 정도로 대강의 '감'을 잡기만 하면 됩니다.

에너지가 걸어온 길

먼저 살펴볼 것은 에너지의 역사입니다. 방금 말했듯이 인류가 처음으로 이용한 에너지는 불입니다. 불을 사용함으로써 인류는 다른 동물과 크게 다를 바 없었던 그 이전까지의 생활을 청산하고 바야흐로 문명의 길로 접어들 수 있었습니다. 당시 에너지원은 나무였습니다. 나무를 태워 거기서 나오는 열과 빛을 이용했지요. 불은 사람이 자신만의 독창적인 문화와 생활방식을 꽃피우는 데 큰 구실을 했습니다. 하지만 에너지를 활용하는 방식은 단순하고 거칠었습니다. 나무 막대기, 창, 활과 화살 등을 비롯해 다양한 도구를 사용하긴 했지만, 사람이 본디 가지고 있는 신체 에너지, 곧 근육 능력의 한계를 크게 넘어설 수는 없었지요.

그러다 새로운 변화가 찾아왔습니다. 계기는 가축의 활용이었습니다. 역사가들은 기원전 6000년 무렵에 소를, 그 뒤 2,000년 정도가 지나서는 말을 사육하기 시작했다고 추정합니다. 무거운 짐을 실은 수레, 마차, 농기구 등을 끄는 데 이들 가축을 활용하면서 사람의 노동 능력은 크게 높아졌습니다. 그러면서 배의 돛과 풍차의 날개로 바람의 힘을, 물레방아로는 물의 흐름이 만들어내는 힘도 활용할 줄 알게 되었습니다. 초보적이나마 자연의 물리적 현상을 다룰 수 있게 된 거지요. 덕분에 농업 중심의 문명이 뿌리를 내렸습니다. 사람들은 더 풍족하게 먹게 되었고, 더 편안하고 안전하게 지내게 되었습니다. 한 장소에 정착해서 살 수 있게 되었습니다. 하지만 그렇다고는 해도 한계는 뚜렷했습니다. 농사일 등을 하는 데 오래도록 고된 노동을 바쳐야 했으니까요. 자연의 제약에서 크게 벗어나기도 힘들었고요. 이런 세월이 수천 년이나 이어졌습니다.

그럼, 더욱 근본적이고도 혁명적인 변화는 언제 어떻게 일어났을까요? 때는 18~19세기 무렵이고, 기폭제는 산업혁명이었습니다. 산업혁명이란 18세기 중후반 영국에서 시작되어 유럽에서 약 100년 동안 진행된 기술 혁신과, 이와 맞물려 이루어진 거대하고도 구조적인 사회경제적 변화를 말합니다. 공장제 기계공업으로 물건을 대량으로 생산하는 공업화를 이룬 게 핵심 내용이지요. 이후 20세기를 거치면서 세계 전체로 확산되었고, 이로써 지금 세상을 지배하는 자본주의 사회경제 시스템이 확립되었습니다.

에너지 역사에 가장 굵은 발자취를 남긴 것이 이 산업혁명입니다. 산업혁명 이후 에너지 역사는 완전히 달라졌습니다. 그 영향으로 인간과 자연의 관계를 비롯한 문명의 흐름 또한 크게 바뀌었습니다. 변화의 규모, 수준, 속도, 영향력 등이 모두 엄청났지요. 주목할 것은 산업혁명이 석탄이라는 새로운 에너지원 사용에서 비롯했다는 점입니다. 석탄의 본격 등장에 힘입어 인류는 기존의 자연 에너지와 가축 에너지를 근본적으로 뛰어넘게 되었습니다. 기계를 활용한 대량생산이 가능해지면서 농업과 수공업을 뼈대로 하던 경제가 막을 내리고 대신에 대규모 공장제 공업의 시대가 활짝 열리게 됐지요.

여기서 결정적인 구실을 한 것이 석탄을 연료로 사용하는 증기기관의 발명입니다. 석탄으로 불을 지펴 물을 끓이면 수증기가 만들어지고 이 수증기의 힘이 열에너지를 만들어내는데, 이것을 운동에너지로 바꾸어주는 게 증기기관이지요. 주전자에 물을 끓이면 수증기가 만들어져 뚜껑을 밀어 올리는 힘이 생기듯이 말입니다. 이 증기기관 덕분에 공장에서 거대한 기계를 쉼 없이 돌릴 수 있게 되었습니다. 기차(증기기관차)와 배(증기선)를 비롯한 교통 및 운송 분야에서도 눈부신 발전이 이루어졌습니다. 이전에는 상상조차 할 수 없었던 엄청난 규모와 속도로 수많은 물건을 생산하게 되었을 뿐만 아니라, 그것을 아주 손쉽게 대량으로 운반할 수 있게 되었다는 얘기지요.

사회적으로도 큰 변화가 뒤따랐습니다. 농촌에서 농사를 짓던 사람들이 대거 일자리를 찾아 공장이 밀집된 도시로 몰려들었습니다. 봉건적 농업 중심 사회에서 사람들의 생활을 얽어매던 공간적·시간적 제약도 훨씬 줄어들었습니다. 대량생산과 대량소비를 바탕으로 하는 공장제 공업 중심의 근대적 산업화 시대가 활짝 열린 거지요. 요컨대 산업 발전, 경제성장, 과학기술의 발달, 사회와 생활 방식의 변모 등이 동시다발로 이루어졌다는 얘깁니다.

석탄에 뒤이어 등장한 건 뭘까요? 석유와 천연가스입니다. 이 두 가지가 석탄에 이어 인류의 핵심 에너지원이 된 것은 20세기 초반입니다. 석유, 석탄, 천연가스의 '에너지 삼총사'를 묶어서 흔히 화석연료라 부릅니다. 화석연료란 머나먼 옛날 지질시대(지구가 만들어진 때부터 역사시대 이전까지의 시대. 역사시대란 문자로 기록되어 문헌으로 내용을 알 수 있는 시대를 가리킨다.)에 동식물이 죽어 지각 변동으로 땅속에 파묻힌 뒤 수백만 년에서 수억 년 동안 높은 열과 압력을 받으며 분해되는 과정에서 만들어진 연료를 말합니다. 화석과 비슷한 과정을

증기기관차(독일)

거쳐 만들어졌고, 화석처럼 오랫동안 지층 속에 묻혀있다 오늘날 연료로 쓰이기에 이런 이름이 붙었습니다. 오늘날 인류가 사용하는 전체 에너지의 82퍼센트가 여기서 나옵니다. 현대 문명을 화석연료 문명이라 일컫는 까닭이지요.

화석연료의 두 얼굴

　　화석연료는 어떤 특성을 지녔을까요? 화석연료는 커다란 장점을 여럿 가지고 있습니다. 석탄은 고체, 석유는 액체, 천연가스는 기체입니다. 이처럼 형태는 저마다 달라도 이들은 공통적으로 저장하고 운송하고 사용하기가 쉽습니다. 그래서 효율성이 높습니다. 자동차를 한번 떠올려볼까요? 자동차는 아주 크고 무거워서 움직이려면 엄청난 힘이 투입돼야 합니다. 한데 자동차 연료통에 석유를 채워놓기만 하면 제법 오랫동안 자동차를 맘대로 운행할 수 있습니다. 여태껏 어떤 에너지도 이런 효율 높은 힘과 성능을 제공해주지 못했습니다. 그뿐만 아니라 화석연료는 지구 여기저기에 대량으로 묻혀있어서 찾고 채굴하기도 쉬운 편입니다. 화석연료가 말 그대로 현대 산업문명을 이끄는 초강력 '엔진'이 될 수 있었던 건 이런 장점들을 갖추고 있기 때문입니다.

화석연료 가운데서도 핵심은 석유입니다. 잘 알다시피 석유는 오늘날 인류가 가장 많이 사용하는 에너지원입니다. 석유의 가치나 위력은 에너지 차원을 넘어 아주 다양한 영역에서 아주 다양한 용도로 발휘됩니다. 이를테면 석유는 난방을 하거나 전기를 만드는 데 쓰이는 것은 물론 자동차, 기차, 배, 비행기 등과 같은 각종 운송수단의 연료로 사용됩니다. 나아가 플라스틱, 페인트, 아스팔트, 나일론, 의약품, 옷감, 화학비료, 농약, 화장품, 잉크 등을 비롯해 우리 생활에 필요한 거의 모든 물건의 재료로 쓰입니다. 화석연료 문명에서 범위를 좀 더 좁힌 '석유문명'이라는 말이 현대 문명의 대명사처럼 쓰이게 된 이유가 여기에 있지요. 이처럼 석유는 다른 에너지와 또렷이 구분되는 특별한 지위와 의미를 지니고 있습니다. 이에 석유에 대해서는 뒤에서 다시 깊이 있게 살펴보겠습니다.

석유를 비롯한 화석 에너지는 인류 역사의 물길을 통째로, 그것도 아주 급격히 바꾸었습니다. 산업혁명 이후 지난 200여 년에 걸쳐 불어 닥친 경이로운 격동의 바람은 문명의 역사에서 수천 년에 걸쳐 일어난 것보다 양적으로나 질적으로나 훨씬 더 큰 변화를 불러일으켰습니다. 그런데, 이 변화가 꼭 긍정적이기만 할까요? 그건 아닙니다. 부정적인 측면도 큽니다. 오늘날 에너지는 '양날의 칼'입니다. 지금 우리가 누리는 물질의 풍요, 편리하고 안락한 생활 등이 화석연료 덕분이라는 것은 분명한 사실입니다. 하지만 이 못지않게 화석연료가 심각한 위기와 위험의 원천이 되고 있다는 것 또한 명백한 사실입니다.

핵심은 두 가지입니다. 에너지원 고갈과 기후변화가 그것입니다. 석유, 석탄, 천연가스는 매장량에 한계가 있습니다. 언젠가는 바닥날 수밖에 없습니다. 바람이나 햇빛처럼 재생 가능하지 않습니다. 이런 에너지원을 그동안 지나치게 마구 사용해온 탓에 에너지원 고갈이라는 중대한 사태를 피할 수 없게 된 거지요.

일부 전문가들은 석탄은 230~240년, 석유는 40~50년, 천연가스는 60년 정도 지나면 바닥날 거라는 예측을 내놓기도 했습니다. 물론 이런 예측은 얼마든지 틀릴 수 있습니다. 새로운 매장지 발견, 채굴 기술 발달, 에너지 소비 방식이나 형태의 변화, 대체 에너지원의 개발과 보급 등과 같은 수많은 변수가 언제든 개입할 수 있으니까요. 하지만 어쨌든 기존 에너지 자원이 빠른 속도로 줄어들고 있다는 것은 부인할 수 없는 사실입니다.

한편, 화석연료를 에너지로 사용하려고 태우면 이산화탄소 같은 온실가스가 나옵니다. 화석연료를 무분별하게 대량으로 사용하다 보니 온실가스의 양 또한 어마어마해졌습니다. 그 결과가 지구 온난화입니다. 오늘날 지구촌에서 가장 심각하고 절박한 환경문제로 손꼽히고 있지요. 지구 온난화가 일으키는 것이 기후변화입니다. 그 결과 사람을 포함한 모든 생명의 생존과 안녕이 뿌리로부터 위협받고 있는 것이 오늘의 현실입니다. 이 또한 에너지를 둘러싼 논의에서 아주 중요한 대목이므로 뒤에서 보다 상세하게 알아보겠습니다.

에너지 위기와 기후 위기는 자원문제나 환경문제에서 끝나는 걸까요? 아닙니다. 화석연료를 토대로 하는 산업주의 문명. 끝없는 경제성장과 대량생산, 대량소비, 대량폐기 시스템을 바탕으로 하는 사회경제 시스템. 더 많은 소유와 소비, 더 편리하고 안락한 삶을 떠받드는 현대인의 생활양식. 인류가 지금 겪고 있는 위기는 이 모든 것이 결합된 '복합 위기'입니다. 그런 만큼 에너지 위기와 기후 위기는 일찍이 경험해보지 못했던 아주 까다롭고도 낯선 숙제를 우리에게 던져주고 있습니다.

에너지는 자연의 선물입니다. 모든 에너지의 원천은 태양이기 때문입니다. 화석연료를 한번 볼까요? 화석연료는 오래 전 죽은 동식물의 사체로 만들어졌습니다. 식물은 태양 에너지를 흡수함으로써

살아갑니다. 동물은 그런 식물을 먹거나(초식동물), 식물을 먹은 다른 동물을 먹음으로써(육식동물) 살아갑니다. 동식물 모두 태양 에너지의 후예들인 셈이지요. 그러므로 동물과 식물을 모두 먹고 살아가는 사람 또한 태양의 자식이긴 마찬가지입니다. 결국 화석연료란 아주 오래 전의 태양 에너지가 축적되어 변형된 에너지라고 할 수 있습니다.

 에너지원 고갈은 이처럼 자연이 장구한 세월에 걸쳐 제공해준 에너지를 우리가 너무나도 짧은 시간에 급속히 탕진하고 있음을 뜻합니다. 특히 기후변화는 에너지를 선사해준 자연을 도리어 망가뜨리는 일입니다. 은혜를 원수로 갚는 셈이랄까요? 게다가 자연 파괴는 고스란히 부메랑이 되어 인간의 삶도 치명적으로 위협하고 있습니다. '소중한 선물'이어야 할 에너지가 '위험한 흉기'가 되어버린 꼴이지요. 에너지의 안타까운 역설입니다.

'에너지 노예'가 없다면

에너지가 걸어온 길과 그에 따른 역설이 어떤 의미를 지니는지는 '에너지 노예'라는 개념으로 좀 더 손쉽게 확인할 수 있습니다. 무슨 얘기냐고요?

산업혁명에서 놓치지 말아야 할 것 가운데 하나는 노예를 또 다른 노예로 대체했다는 점입니다. 이것은 인간 노예 대신에 석유와 석탄 같은 화석연료가 새로운 노예로 등장했다는 말입니다. 현대인의 삶과 현대 문명은 화석연료가 제공하는 에너지 없이는 단 한순간도 존재할 수도 없고 지탱할 수도 없습니다. 특히 이 세상에 존재하는 기계, 시설, 장비 등은 거의 모두 화석연료 에너지로 움직입니다. 먼

옛날에는 인간 노예가 지금 기계가 하는 일을 도맡아 했습니다. 지금은 과거에 인간 노예의 육체가 떠맡았던 온갖 고된 일을 화석연료가 제공하는 에너지와, 그 에너지로 움직이는 각종 기계가 하고 있습니다. 인간 노예를 대신하여 새로운 노예, 곧 에너지 노예와 기계 노예가 등장했다고 얘기하는 이유가 여기에 있습니다.

이 덕분에 인류는 어마어마한 생산력을 손에 쥐게 되었습니다. 더구나 기계 노예는 옛날 인간 노예가 가끔 그랬던 것처럼 반란을 일으킬 염려도 없습니다. 인내심 많고 순종적이며 고분고분한 게 기계 노예의 중요한 특성이지요. 이렇게 인류는 산업혁명 이후 아주 값싸고 말도 잘 듣는, 그러면서도 일은 훨씬 더 잘하고 많이 해내는 기계를 인간 노예 대신에 부리게 되었습니다.

이 새로운 노예는 얼마나 놀라운 힘을 발휘할까요? 어떤 조사에 따르면, 운전자 한 명이 자동차 한 대로 쓰는 에너지는 2,000명에 이르는 사람의 힘을 사용하는 것과 같다고 합니다. 기차를 운행하는 기관사 한 명이 관리하는 에너지는 10만 명, 제트기 조종사의 경우는 무려 70만 명의 사람을 부리는 것과 같다고 하고요. 석유 한 컵이면 50명의 인간 노예가 2시간 동안 자동차를 끄는 데 필요한 에너지를 만들어낼 수 있습니다. 이처럼 엄청나게 많은 노예를 부리며 사는 게 현대인의 일상생활입니다. 또 다른 연구 결과에 따르면, 미

국인 한 명이 해마다 소비하는 석유의 양은 한 사람당 174명의 가상 노예를 거느리는 것과 마찬가지라고 합니다. 미국 전체로 치면 미국 인구가 3억 명이 넘으니 자그마치 5,000억 명이 넘는 노예를 거느리고 있는 셈이지요.

현대인의 이런 삶의 방식을 보다 생생하게 보여주는 게 2009년 영국의 어느 가정을 대상으로 진행한 에너지 실험입니다. 4개의 방이 딸린 이 집 가족들은 어느 일요일 아침, 자기들을 대상으로 실험이 진행된다는 사실을 모르는 채 평범한 일상을 시작합니다. 우선 전등을 켜고 아침 식사를 준비하려고 오븐의 스위치를 올렸지요. 그 순간 바로 옆집에서는 100명의 실험 참여 자원봉사자가 100개의 자전거 페달을 밟아 실험 가정이 필요로 하는 에너지를 생산하는 '인간 발전소'를 가동하기 시작합니다. 한마디로 '인간 노예' 실험인 거지요. 오븐에서 열을 내는 데는 24명이 자전거 페달을 밟아야 했고, 고작 토스트 두 장을 굽는 데 11명이 필요했습니다. 그런 식으로 종일 페달을 밟다가 이윽고 해가 저물 무렵이 되자 차를 끓이는 데 필요한 에너지를 생산하던 자원봉사자들은 거의 체력이 바닥날 지경에 이르렀습니다.

이제야 실험을 진행한 영국 공영방송 관계자들한테서 실험 사실과 내용을 전해 들은 이 집 가족들은 너무 놀라서 입을 쩍 벌렸다고 합니다. 평범한 휴일 하루를 보내는 데 쓰는 에너지가 얼마나 많은지, 그것을 사람의 힘으로 직접 생산하려면 얼마나 많은 노예가 필요한지를 처음 알았기 때문입니다. 페달을 밟던 자원봉사자 대부분은 임무를 끝내자마자 그대로 쓰러져버렸고, 그 가운데 몇 명은 며칠 동안 제대로 걷지도 못했다고 합니다.

캐나다에서 활동하는 저술가이자 언론인인 앤드류 니키포룩이 『에너지 노예, 그 반란의 시작』이라는 책에서 전하는 에너지 노예 이야기는 현대 산업문명이 어떤 방식으로 유지되고 번창하고 있는지를 흥미롭게 보여줍니다. 이제 우리는 화석연료 없이는 살 수 없게 되었습니다. 화석연료를 에너지 노예, 기계 노예로 부리며 살다가 이제는 거꾸로 우리가 화석연료의 노예가 되고 말았습니다. 그래서 화석연료를 얼마나 가지고 있는지, 화석연료 가격이 어떻게 오르내리는지에 따라 경제가 휘청거리는 것은 물론 우리 삶 자체가 흔들리게 되었습니다. 특히 석유가 그러하지요.

본래 노예 소유주들은 노예를 학대하면서도 죄책감이나 동정심 같은 걸 잘 느끼지 못합니다. 노예가 제공해주는 삶이 너무나 안락하고 편리하니까요. 현대인들이 무생물 에너지 노예와 기계 노예에 별다른 문제의식이 없는 것도 석유를 비롯한 화석연료가 선사해주는 안락함과 편리함에 깊이 중독된 탓입니다. 그래서입니다. 화석연료가 우리의 노예라는 것과 우리가 화석연료의 노예라는 것은 사실은 같은 얘기입니다. 화석연료를 노예로 맘껏 부리는 동시에 그 화석연료 없이는 살 수 없으니, 서로가 서로에게 노예의 족쇄를 채우고 있는 거지요.

　현대 문명과 현대인의 생활을 떠받쳐주는 화석연료 노예가 사라진다면 우리는 어떻게 될까요? 우리가 이런 노예 신세에서 벗어나려면 무엇을 어떻게 해야 할까요? 이 책에서 전하고자 하는 메시지가 바로 이 물음에 담겨있습니다.

2장
★
석유의 그늘

현대 문명의 젖줄

　혹시 "우리가 먹는 건 석유다."라는 말을 들어봤나요? 우리가 어떤 음식을 먹는다는 건 석유를 먹는다는 것과 마찬가지라는 얘기지요. 이게 무슨 말일까요?

　이 말이 무슨 뜻인지를 알려면 우리가 먹는 음식이 어떻게 생산되는지를 살펴보면 됩니다. 두말할 필요도 없이 먹거리와 그 먹거리의 재료를 일차적으로 제공하는 것은 농업입니다. 그런데 요즘은 농사를 어떻게 짓나요? 현대 농업은 화학비료와 농약은 물론 경운기, 탈곡기, 트랙터, 콤바인 등과 같은 농기계를 대량으로 사용합니다. 또 대규모로 물을 대야 하고 수확한 농산물은 곳곳으로 실어 날라야 합니다. 특히 요즘은 세계화 시대라 농산물의 이동 범위는 전 세계라 해도 지나친 말이 아닙니다. 한데 농약이나 비료는 모두 석유로 만들고, 농기계도 석유가 있어야 움직일 수 있습니다. 관개와 운송도 석유가 없으면 할 수 없고요.

고기도 마찬가지입니다. 가축 사료를 만드는 데 쓰이는 옥수수 같은 곡물은 거의 대부분 석유가 있어야만 돌아가는 기계화된 대규모 농장에서 생산됩니다. 가축을 기르는 축사의 각종 설비나 난방도 석유가 없으면 가동할 수 없습니다. 계절에 관계없이 농사짓는 데 반드시 필요한 비닐하우스 또한 석유가 없으면 존재할 수 없습니다. 비닐 자체가 석유로 만드는 화학제품인데다 비닐하우스의 난방에도 석유가 필요하니까요. 이처럼 지금의 농업은 석유가 없다면 애당초 성립할 수조차 없습니다. 현대 농업에서 1칼로리의 먹거리를 생산하는 데 평균 10칼로리의 석유를 비롯한 화석연료가 들어간다지요.

지금의 농업을 '석유 농업'이라 부르고, "우리가 먹는 건 석유다."라는 말까지 나오게 된 것은 이런 이유에서입니다. 가만히 앉아서 밥을 먹으면서도 많은 양의 석유를 소비하는 것이 오늘 우리가 살아가는 모습입니다. 석유 농업 이야기는 현대 문명이 석유 문명이라는 사실을 상징적으로 보여줍니다.

이뿐만이 아닙니다. 석유는 세계 전체 에너지 생산량의 3분의 1 이상을 차지합니다. 수송 분야에서는 전체 에너지 소비의 90퍼센트 이상을 석유가 공급합니다. 게다가 석유는 온갖 생활필수품을 만드는 데에도 반드시 필요합니다. 사실 수송용이나 난방용으로 쓰이는 것은 세계 전체 석유 소비량의 절반도 되지 않습니다. 이보다 훨씬 더 많은 양의 석유가 우리 생활에 필요한 수많은 석유화학 제품을 만드는 데 쓰입니다. 플라스틱이 대표적이지요. 석유가 석탄과 다른 점 가운데 하나가 이것입니다. 즉, 석유는 석탄과 달리 그냥 자연 상태에서 태우기보다는 다양하게 정제(어떤 물질에서 불순물을 없애 더 순수하게 만드는 일)하고 가공합니다. 여러 용도로 쓰이는 다양한 종류의 연료와 물질을 만들어내기 위해서지요.

어느 모로 보든 오늘날 석유 없는 세상이나 생활은 상상도 할 수 없습니다. 우리는 날마다 석유를 먹고 마시고 입습니다. 석유와 함께 깨어나고 석유와 함께 잠이 듭니다. 지금 우리가 누리는 편리한 생활이나 경제 발전의 혜택은 석유가 풍부하고 값싸게 공급된 덕분이라고 해도 과장이 아닙니다. '검은 황금'이라 불리는 석유는 이리하여 '현대 문명의 젖줄'이 되었습니다.

석유의 역사를 들여다보니

 인류 역사에서 석유가 처음 사용된 건 언제일까요? 그 시점은 대체로 4,000~5,000년 전인 것으로 알려져 있습니다. 당시 중동 지역에 살던 사람들이 땅 위로 스며 나오거나 바위 틈 같은 데 묻혀있는 석유를 채취해 사용했다지요. 오늘날처럼 다양한 용도로 가공하지는 못하고 그저 일차적인 원유(정제를 거치지 않은 본래 그대로의 천연 석유) 형태로만 사용했습니다. 나무로 만든 배에 물이 스며들지 않도록 배 바깥 부분에 원유를 먹인 천을 붙이거나, 도로를 포장하거나, 수레바퀴가 잘 돌아가도록 기름칠을 하거나, 상처 난 부위에 바르거나 하는 등의 용도로 쓰였습니다.

석유가 본격적인 에너지로서 널리 사용되기 시작한 것은 19세기 중후반쯤입니다. 1859년 미국 펜실베이니아 주에서 에드윈 드레이크 대령이라는 사람이 처음으로 땅을 파서 원유를 캐낸 것이 시발점이었지요. 당시의 주된 용도는 불을 밝히는 조명용이었습니다. 그러다 석유가 에너지의 지배자로 발돋움한 건 1940년 즈음부터입니다. 오늘날 세계에서 석유가 가장 많이 나오는 서남아시아, 곧 중동 지역에서 대규모 유전들이 잇따라 발견되기 시작한 것이 이때입니다.

석유는 다른 화석 에너지에 비해 많은 장점을 지니고 있습니다. 액체여서 필요로 하는 열을 빨리 낼 수 있고, 보관이나 수송을 하기도 편리합니다. 석탄 무게의 4분의 1에 해당하는 양만으로도 같은 거리를 이동할 수 있는 힘을 발휘하는 게 석유입니다. 성능과 효율이 아주 뛰어나다는 얘기지요. 첫 번째 화석연료로 산업혁명을 이끌었던 석탄을 석유가 빠른 속도로 대체한 건 그 당연한 결과입니다.

석유 사용을 폭발적으로 증가시킨 계기는 뭘까요? 내연기관의 발명이 그것입니다. 내연기관이란 실린더 속에 연료를 집어넣고 태워서 폭발시킬 때 생기는 가스의 팽창력으로 피스톤을 움직이게 하는 기계 장치를 가리킵니다. 석유의 역사가 거대한 전환점을 맞게 된 것은 이 내연기관이 자동차를 움직이는 엔진에 사용되면서부터입니다.

1886년에 자동차를 처음 발명한 것은 독일의 카를 벤츠라는 사람이었지만, 자동차 사용과 자동차 문화를 전 세계로 퍼뜨린 주역은 단연 미국이었습니다. 미국은 자동차 기업의 강력한 압력 등에 따라 철로를 대신하는 고속도로를 전국 곳곳에 건설했습니다. 그러면서 그 위를 질주하는 자동차는 현대인이 부러워하고 따라야 할 새로운 생활양식을 대표하는 상징처럼 여겨지게 되었지요. 자동차를 사치품이 아니라 생활필수품으로 여기는 현대 생활문화의 씨앗이 뿌려진 곳이 미국입니다.

현대 문명의 전개 과정을 '자동차화(motorization)'라 부르는 사람이 있을 정도로 자동차의 대중적 보급은 이후 경제, 사회, 문화, 사람들의 일상생활 전반에 아주 큰 영향을 끼쳤습니다. 자동차뿐만이 아닙니다. 배도 석탄으로 움직이는 이전의 증기선에서 석유를 사용하는 디젤 엔진을 단 배로 바뀌었고, 새로 발명된 비행기 연료도 석유였습니다. 이처럼 교통수단 대부분의 연료가 석유로 바뀌는 과정은 곧 석유가 문명의 패권자로 자리 잡는 과정이기도 했습니다.

석유 사용이 널리 퍼진 계기를 전쟁에서 찾는 사람들도 있습니다. 이들의 설명은 간단명료합니다. 석유를 많이 가진 자가 전쟁에서 승리하고, 그 여세로 세계를 지배하게 된다는 것입니다. 여기서

플라스틱으로 오염된 바다

도 주인공은 미국입니다. 미국은 제1차 세계대전(1914~1918년)과 제2차 세계대전(1939~1945년)에서 모두 승전국이었습니다. 막대한 석유 자원을 전쟁을 치르는 데 쏟아 부을 수 있었던 덕분이지요. 석유는 각종 무기, 함정, 전투기 등에 쓰인 것은 물론 군수물자 등을 수송하는 데에도 대량으로 사용됐습니다.

　미국은 1950년대까지만 해도 세계에서 석유를 가장 많이 생산하는 나라였습니다. 전 세계 석유의 절반 이상을 생산했지요. 미국을 세계 최강대국의 반열에 올려준 게 석유입니다. 그러면서 석유는 '미국의 연료'를 넘어 '세계의 연료'로 등극했습니다. 이에 발맞추어 석유를 지배하는 자가 세상을 지배하는 시대가 본격적으로 열렸습니다. 미국은 자기 땅에서 넘쳐나는 엄청난 양의 석유 덕분에 세계에서 가장 큰 경제력과 가장 강한 군사력을 갖출 수 있었고, 그에 힘입어 오랫동안 세계의 지배자로 군림했습니다.

20세기 초에는 플라스틱 개발을 기폭제로 하여 석유를 다각도로 활용하는 기술이 더욱 빠르게 발전했습니다. 특히 제2차 세계대전 이후 플라스틱을 비롯해 석유로 만든 온갖 물건과 물질이 전 세계로 퍼져 나갔지요. 석유 수요가 급속도로 늘었고, 그만큼 현대 사회경제와 현대인의 석유 의존은 더욱 깊어졌습니다. 오늘날 우리를 지배하는 석유 문명은 이렇게 뿌리를 내렸습니다.

잔치는 언제까지 계속될까?

 이런 석유를 우리는 언제까지 원하는 대로 쓸 수 있을까요? 이제 석유를 비롯한 에너지를 맘껏 쓰기 어려운 때가 빠르게 다가오고 있습니다. 에너지를 만들어내는 자원이 바닥나고 있고, 그 탓에 에너지를 값싸고 손쉽게 사용하는 게 갈수록 힘들어지고 있습니다.
 이것을 또렷이 보여주는 게 '석유 정점' 이론입니다. 영어로는 '피크 오일(peak oil)' 또는 '오일 피크'라 부르는 석유 정점은 석유 생산량이 최대치에 도달하는 시점을 말합니다. 이 시점은 세계 석유의 절반을 뽑아 쓴 시점과 같은 것으로, 이때 이후부터는 석유 생산이 점점 줄어들게 됩니다. 그러다 결국은 더 이상 석유가 나오지 않는

고갈 시점에 이르게 되지요. 미국의 석유지질학자 킹 허버트가 1950년대에 내놓은 이론입니다.

당장 궁금해집니다. 석유 정점은 언제일까요? 사람에 따라 견해가 다르지만, 2007년을 전후하여 전 세계적으로 석유 정점이 지났다고 평가하는 사람이 많습니다. 대표적인 국제 경제조직인 경제협력개발기구(OECD) 산하 기구인 국제에너지기구(IEA: International Energy Agency)에서도 전통적인 재래식 석유의 정점은 2006년에 지났다고 봅니다. 석유 앞에 '전통적'이나 '재래식' 같은 수식어를 붙이는 이유는 최근 들어 기존 석유와는 구분되는 새로운 석유가 개발되고 있어서입니다. 셰일오일 등이 그것인데, 그동안 기술적으로도 한계가 있고 채굴에 드는 경제적 비용도 너무 컸던 탓에 캐내지 못하고 있었지요. 이에 관한 이야기는 뒤에서 다시 하겠습니다.

대개 재래식 석유는 40~50년, 석탄은 230~240년, 천연가스는 60년 정도 지난 뒤에는 고갈되리라는 예측들을 합니다. 물론 이런 예측은 정확한 게 아닙니다. 석유가 어디에 얼마나 묻혀있는지를 정확하게 알아내기란 쉬운 일이 아니니까요. 아직 발견되지 않은 석유가 어딘가에 묻혀있을 가능성도 얼마든지 있고요.

그런데, 여기서 문제가 있습니다. 그동안 인류가 써온 석유는 질도 좋고, 채굴 비용도 적게 들고, 큰 기술적 어려움 없이 뽑아 쓸 수 있는 것이었습니다. 이에 견주어 남아 있는 석유 대부분은 북극이라든지 바다나 땅속 깊숙한 곳에 묻혀있습니다. 이런 곳에서는 석유를 추출하는 것 자체가 아주 힘듭니다. 게다가 이런 곳의 석유는 질도 떨어져서 필요한 용도로 다시 가공하려면 많은 돈을 또다시 들여야 할 때가 많습니다. 한마디로 배보다 배꼽이 더 큰 경우지요. 어쨌거나 중요한 것은 석유가 빠른 속도로 줄어들고 있다는 사실입니다.

석유와 관련된 대형 사고가 갈수록 자주 일어나는 것도 사실은 석유 고갈 사태와 연결돼 있습니다. 예전에는 돈도 많이 들고 위험하고 수송 거리도 멀어서 거들떠보지 않았던 석유를 개발하다 보니까 사고가 더 자주 일어날 수밖에 없다는 거지요. 대표적인 사례가 지난 2010년 4월 미국 남부 멕시코만 앞바다에서 터진 역사상 최악의 초대형 기름 유출 사고입니다. 비극은 바다 밑에 묻혀있는 석유를 퍼 올리는 시설이 폭발 사고와 함께 부서지면서 시작되었습니다. 바다 밑바닥 깊숙한 곳까지 박아 놓은 석유 파이프가 망가지는 바람에 엄청난 양의 기름이 끝도 없이 뿜어져 나왔지요. 이 사고로 근처 바다는 죽음의 폐허로 변했고, 경제적으로도 천문학적인 피해가 발생했습니다. 폭발 사고로 11명의 사람이 죽기까지 했지요.

놀랍게도 사고를 일으킨 석유 시추 장비가 바다 아래로 뚫고 들

2010년 5월 24일 위성에서 본 멕시코만
(미국 멕시코만 원유 유출 사고: 2010년 4월 20일 미국 남부 멕시코만에서 석유시추 시설이 폭발하고, 그 뒤 다섯 달 동안 대략 7억 7천만 리터의 원유가 유출된 사고)

어간 깊이는 무려 5,400미터에 이르렀습니다. 손쉽게 채굴할 수 있는 곳에 석유가 충분히 묻혀있다면 이토록 위험한 바다 깊은 곳까지 무리하게 개발할 이유가 있을까요? 역사상 가장 큰 기름 유출 사고로 꼽히는 이 사고는 석유가 바닥나고 있다는 상징적 증거라고 할 수 있습니다.

무서워라, 자원의 저주

　　에너지와 관련된 위기는 에너지 자원의 고갈에서 끝날까요? 아닙니다. 석유를 비롯한 화석연료의 무분별한 사용은 지구 온난화와 기후변화 같은 심각한 환경위기를 낳았습니다. 거대 에너지 기업들은 에너지 자원을 개발하는 과정에서 지구 곳곳 원주민들의 삶의 터전과 자연 생태계를 마구 파괴하고 있습니다. 세계적인 양극화 흐름 속에서 가난한 나라, 가난한 사람들의 에너지 빈곤과 에너지 불평등 문제가 갈수록 심각해지고 있습니다. 에너지를 지나치게 낭비하는 석유 문명이 사회 전체와 사람들 생활방식에 미치는 부정적 영향도 빠뜨릴 수 없는 대목입니다. 예컨대 민주주의, 공동체, 공공

성, 인간관계, 단순하고 소박한 삶의 방식, 자율적이고 독립적인 생활문화 등이 훼손되곤 하지요.

먼저 살펴볼 것은 이른바 '자원의 저주'입니다. 풍요로운 자연 속에서 평화롭게 살아가던 사람들이 폭력적이고도 무분별한 자원 개발 탓에 큰 피해를 당하는 일이 지구 곳곳에서 벌어지고 있습니다. 특히, 풍부한 자원이 있으면 그만큼 잘살아야 함에도 되레 그 자원이 불행과 비극의 씨앗이 될 때가 많습니다. 이것이 '자원의 저주'입니다.

대규모 석유 개발은 자원의 저주가 어떤 것인지를 적나라하게 보여줍니다. 대표적인 보기로, 남아메리카 대륙의 에콰도르 동쪽에 있는 오리엔테 지역을 꼽을 수 있습니다. 셰브론이라는 미국의 거대 석유 기업이 이곳에서 석유를 탐사하여 대규모 유전을 찾아낸 것은 1960년대입니다(당시는 텍사코라는 기업이었는데 2001년에 셰브론이 텍사코를 인수했다). 재앙은 그때부터 시작됐습니다. 셰브론은 20년이 넘는 세월에 걸쳐 350여 개에 달하는 유정(원유를 퍼 올리려고 우물처럼 판 구덩이)을 파서 마구잡이로 원유를 퍼 올렸습니다. 그러고선 그것을 팔아 막대한 돈을 벌어들인 뒤 1992년에 사업을 접고 에콰도르를 떠났습니다.

문제는 석유 생산 과정에서 엄청난 양의 오염물질과 유독한 폐

수, 그리고 기름이 쏟아져 나왔다는 점입니다. 셰브론은 아마존 밀림 곳곳에 제멋대로 구덩이를 파고 정화 처리를 하지도 않은 기름을 내다버렸습니다. 염분, 중금속 등과 같은 해로운 물질이 포함된 폐수에 뒤섞여 쏟아져 나온 원유의 양이 방금 언급한 멕시코만 원유 유출 사고의 1.5배에 이른다고 합니다.

이곳은 어떻게 됐을까요? 원주민들의 생계에 직결되는 농사는 엉망진창이 됐습니다. 가축은 떼죽음을 당했습니다. 강물과 땅과 숲은 치명적으로 망가졌습니다. 암으로 죽는 사람도 숱하게 생겨났습니다. 최근까지 암으로 사망한 사람이 1400명에 이른다지요. 암뿐만이 아닙니다. 다수의 원주민이 지금까지도 기형아 출산, 유산, 피부질환 등과 같은 고통을 호소하고 있습니다. 이곳 주민들은 이렇게 얘기합니다.

"우리 아이들이 물을 검은색으로 알고 자랄 것 같아 너무 슬프다."

돈벌이만을 추구하는 거대 석유 기업은 수많은 사람과 생명체가 깃들어 살아가는 이곳을 더러운 '산업 쓰레기장'으로 바꿔놓았습니다. 그 결과 오리엔테는 폐허로 전락하고 말았습니다.

이에 1993년 3만 명에 이르는 이곳 원주민들은 셰브론에 소송을 제기했습니다. 우여곡절 끝에 결국 에콰도르 대법원은 지난 2013년

셰브론에 대해 95억 달러(우리 돈으로 10조 원)를 원주민들에게 지불하라는 판결을 내렸습니다. 파괴된 자연을 치유하고 원주민들 건강을 회복하는 데 쓸 돈이지요. 하지만 셰브론은 끝까지 탐욕스럽고 무자비했습니다. 자기들 책임을 인정하지 않으면서 어떻게든 돈을 내놓지 않으려고 갖은 애를 다 썼지요.

    에콰도르는 전체 수출액의 절반과 정부 예산의 3분의 1이 석유에서 나옵니다. 때문에 에콰도르 정부는 석유 개발을 멈추기 어렵습니다. 거대 석유 기업들 또한 천문학적인 돈을 거머쥘 수 있는 이곳의 석유를 차지하려고 눈에 불을 켤 수밖에 없습니다. 하지만 그 결과는 재앙입니다. 자연도 죽고 사람도 죽습니다. 안타깝게도 석유 문명의 재앙은 특정 지역에만 국한되지 않습니다. 석유가 대규모로 나는 지구촌 곳곳에서 비슷한 일이 벌어집니다. 말이 나온 김에 이번엔 아프리카로 가보겠습니다.

파괴와 죽음의 무덤 위에서

"그들은 우리 모두가 행복해질 거라고 약속했다. 새빨간 거짓말이었다. 반대로 그들이 오기 전에 우리는 행복했다. 지금 우리 땅에서는 더는 곡식이 자라지 않고, 물에선 물고기가 살지 않는다. 모든 것이 파괴됐다."

이것은 아프리카 나이지리아 남부 니제르 델타라는 지역의 오고니랜드에 사는 어느 할머니가 한 말입니다. 오고니랜드는 본래 풍요롭고 비옥한 고장이었습니다. 50만 명에 이르는 오고니족이 오순도순 평화롭게 살아가는 삶의 터전이었지요. 농사가 잘되고, 물고기도 많이 잡히고, 과일도 주렁주렁 열렸습니다. 하지만 지금은 완전히 딴판으로 변하고 말았습니다. '그들'은 누구일까요? 이곳은 어쩌다 이렇게 됐을까요?

오고니랜드엔 풍족한 게 또 하나 있었습니다. 바로 석유입니다. 그런데 석유가 이 축복받은 땅을 비극으로 몰아넣는 '저주의 씨앗'이 될 줄은 아무도 몰랐습니다. 이 지역에 들어와 석유를 마구잡이로 캐내간 세계적인 에너지 거대 기업 로열더치셸이 바로 할머니가 말한 '그들'입니다. 1970년대에 이 지역에 들어온 셸은 수십 년 동안 석유를 아주 싼값에 퍼 올렸습니다. 그 덕분에 셸은 엄청나게 많은 돈을 손쉽게 벌어들였습니다.

하지만 그 과정에서 석유가 끊임없이 흘러나와 들과 강, 숲과 바다를 크게 망가뜨렸습니다. 1976년에서 1991년 사이에 발생한 석유 유출 사고가 무려 3,000번이 넘는다지요. 그뿐만 아니라 수많은 유정에서 태우는 천연가스 불길 탓에 공기 또한 심각하게 오염됐습니다. 그러다 셸은 1993년 작업량을 늘리려고 파이프라인 공사를 벌였는데, 그 과정에서 그만 40일 동안이나 원유가 맨땅으로 쏟아져 나왔습니다. 오고니랜드는 이 사고로 농사를 지을 수 없는 오염과 죽음의 땅으로 전락하고 말았습니다.

이때 등장하는 사람이 있습니다. 이름은 켄 사로-위와. 작가이자 방송국 프로듀서이기도 했던 그는 오고니랜드에서 벌어지는 비극을 목격하면서 환경운동가의 길로 나서게 됩니다. 그는 돈벌이를 위해 자연과 사람을 파괴하는 거대 기업 셸의 만행을 온 세상에 알리려고 애썼습니다. 사람들을 이끌고 석유 사업을 중단하라는 대규모 시위를 벌이기도 했지요. 하지만 당시 나이지리아를 지배하던 독재 정권은 이런 저항을 잔혹하게 짓밟았습니다. 2,000명이 넘는 사람이 살해됐고, 탄압을 피해 나

켄 사로-위와

라를 등진 난민이 8만 명에 이르렀다고 합니다.

　나이지리아는 나라 재정 수입의 80퍼센트가 석유 수출에서 나옵니다. 그 과정에서 독재 정권은 셸로부터 돈을 제공받으며 추악한 결탁 관계를 맺었습니다. 그들 입장에서는 켄 사로-위와가 자기들이 하는 일을 사사건건 방해하는 눈엣가시 같은 존재였습니다. 그리하여 결국 독재 권력은 켄 사로-위와에게 살인 사건의 누명을 뒤집어씌워 8명의 부족 지도자들과 함께 그를 사형에 처하고 말았습

니다.

그의 죽음은 전 세계 수많은 사람에게 깊은 분노를 불러일으켰습니다. 오고니족에 대한 공감과 연대의식 또한 널리 퍼져 나갔습니다. 그 과정에서 부도덕한 거대 자본과 부패한 권력이 저지른 만행과 이곳에서 벌어진 환경 파괴의 실상이 날것으로 까발려졌습니다. 그럼에도 셸은 자기 잘못에 대한 책임을 인정하지 않고 발뺌과 변명만 계속했습니다. 우여곡절 끝에 결국은 나이지리아에서 석유 사업을 그만두고, 오고니족에게 얼마간의 보상금을 지급하기는 했지만 말입니다. 그러나 이미 때는 늦었습니다. 오고니랜드의 땅은 여전히 더러운 기름으로 얼룩져 있습니다. 오고니족의 망가진 삶 또한 별반 달라진 게 없습니다.

남미 오리엔테와 아프리카 오고니랜드에서 벌어진 일은 놀랍도록 닮았습니다. 비슷한 사례들임에도 두 가지 다 소개한 것은 이들 이야기가 그만큼 석유와 석유 문명의 민낯을 생생하게 보여주기 때문입니다. 석유가 일으키는 오염과 파괴와 죽음의 희생 제단 위에서 꽃을 피우고 있는 것이 석유 문명이라고 하면 지나친 말일까요?

전쟁과 분쟁의 씨앗

석유는 종종 전쟁을 일으키는 주범이 되기도 합니다. 그 이유는 뭘까요?

두말할 나위도 없이 석유를 손에 넣기만 하면 아주 손쉽게 어마어마한 부를 거머쥘 수 있습니다. 석유가 묻혀있는 땅을 서로 차지하려는 다툼이 일어날 수밖에 없습니다. 게다가 석유는 지구 곳곳에 비교적 골고루 묻혀있는 석탄과 달리 몇몇 특정 지역에 집중적으로 묻혀있습니다. 중동과 미국을 비롯해 러시아, 중앙아시아, 아프리카 일부 지역 등이 대표적이지요. 특히 사우디아라비아, 이라크, 아랍에미리트, 쿠웨이트, 이란 등을 비롯한 중동 지역에 전 세계 매장량의 절반 가까이가 묻혀있습니다. 그러니 석유 확보를 둘러싼 분쟁이 극심해지는 건 당연한 일입니다. 중동 지역이 '지구촌의 화약고'라 불리는 것 또한 당연한 일이고요. 이런 판국에 석유 고갈 위기까지 덮치고 있습니다. 나라마다 힘을 키우고 부를 쌓으려면 석유 확보 경쟁에 나설 수밖에 없습니다. 결국, 평화의 파괴자가 될 수밖에 없는 운명을 타고난 게 석유라는 얘기지요.

석유가 전쟁의 불씨 구실을 한 사례는 아주 많습니다. 가까운 과거만 돌아보더라도 이란-이라크 전쟁(1980), 걸프 전쟁(1991), 미국의 이라크 침공(2003), 리비아 내전(2011), 남수단 내전(2013) 등을 꼽을 수 있지요. 이 가운데서도 2003년 미국의 이라크 침공은 특히 고약한 경우입니다. 수십만 명의 죄 없는 이라크 사람들이 죽었지요. 게다가 당시 미국은 이라크에 있는 대량살상무기(핵무기와 생화학무기)를 제거하려고 전쟁을 일으켰다고 주장했지만, 나중에 그것이 거짓말이라는 게 들통 나 큰 국제적 망신을 당하기도 했습니다.

석유 탓에 나라가 두 동강 난 경우도 있습니다. 아프리카의 수단은 본래 하나의 나라였는데 오랜 분쟁 끝에 지난 2011년 두 나라로 쪼개지고 말았습니다. 종족과 종교 갈등도 심했지만 무엇보다 결정적인 요인은 석유였습니다. 이 나라는 석유에서 나오는 이익을 특정 지역 사람들과 집단이 독차지하려는 탓에 오랫동안 극심한 분열과

충돌이 계속돼왔습니다. 그런 혼란 끝에 분리 독립하여 새롭게 탄생한 나라가 남수단입니다. 한데 여기서 2013년에 또 다시 내전이 벌어졌습니다. 이 또한 원인은 석유였습니다.

카스피해도 주목할 만한 곳입니다. 카스피해는 세계에서 가장 큰 호수로서, 러시아 남부에서 이란 북부에 걸쳐 있습니다. 이곳이 눈길을 끄는 것은 카스피해가 바다냐 호수냐를 두고 오랜 세월에 걸쳐 격렬한 논쟁이 벌어지고 있기 때문입니다. 카스피해에는 석유와 천연가스가 많이 묻혀있습니다. 그런데 카스피해가 바다냐 호수냐에 따라 주변 국가들이 자원을 소유할 수 있는 권한이 달라집니다. 국제적인 규정이 그러합니다. 만약 호수라면 이곳의 자원은 연안국들이 공동으로 함께 관리합니다. 바다라면 이른바 배타적 경제수역(자기 나라 연안으로부터 200해리까지의 모든 자원에 대해 독점적 권리를 행사할 수 있는 유엔 국제해양법상의 수역. 해리는 항해나 항공 등에 사용하는 길이 단위로서 200해리는 370킬로미터에 해당한다.)이 인정되어 각 나라가 자기 나라 해안선 길이에 해당하는 만큼 자원을 독점적으로 개발할 수 있습니다.

그러니 카스피해를 둘러싸고 있는 나라들(러시아, 카자흐스탄, 아제르바이잔, 투르크메니스탄, 이란 등) 사이에 분쟁이 일어날 수밖에 없습니다. 해안선 길이와 자기 나라 앞에 묻혀있는 자원의 양에 따라 이해관계가 크게 엇갈릴 테니까요. 20년이 넘는 논란 끝에 결국 지난 2018년 8월 '특수한 지위를 가진 바다'로 규정하는 데 간신히 합의가 이루어지긴 했습니다. 하지만 바다 밑 영토를 어떻게 분할할 것인지, 자원 개발을 구체적으로 어떻게 할 것인지 등을 둘러싼 분쟁의 불씨는 여전히 남아 있습니다.

카스피해

사실, 에너지는 일찍부터 이른바 선진 산업국이나 강대국들이 펼친 제국주의적 팽창 정책의 아주 중요한 요소였습니다. 이를테면 제1차 세계대전이 터진 뒤 프랑스가 독일의 루르 지방을 점령한 적이 있습니다. 이곳에서 석탄이 대량으로 나기 때문입니다. 1991년 소련이 무너져 해체된 뒤 15개 나라가 소련으로부터 독립하여 새로운 국가의 돛을 올렸습니다. 한데 이들 가운데 석유와 천연가스가 나는 나라에는 어김없이

미군이 주둔을 시작했습니다. 28개 유럽 나라들로 이루어진 국제 조직인 유럽연합(EU)의 모태는 1952년에 설립된 유럽석탄철강공동체(ECSC)입니다. 유럽 국가들이 에너지 자원을 안정적으로 확보하고 관리하기 위해 만든 조직이라는 얘기지요.

예나 지금이나 강대국들은 에너지를 손에 넣어야 영토나 세력을 넓힐 수 있다는 사실을 잘 알고 있었습니다. 에너지를 지배해야 상대방을 지배할 수 있으니까요. 지구상에서 벌어진 수많은 전쟁과 분쟁의 씨앗이 이렇게 뿌려졌습니다. 이는 지금도 마찬가지입니다. 여기서 핵심 구실을 한 게 석유입니다. 그러니 평화를 원한다면 어떻게 해야 할까요? 석유에서 벗어나야 합니다. 석유 문명을 넘어서야 합니다.

석유는 민주주의를 싫어해

　석유와 민주주의의 관계는 어떠할까요? 민주주의는 인류가 가장 보편적으로 받아들이고 있는 사회 운영 원리이자 삶의 규범입니다. 그런 만큼 석유와 민주주의의 관계를 알아보는 것은 석유가 이 세상과 우리 삶에 미치는 영향을 탐구하는 데서 빼놓을 수 없는 아주 중요한 일입니다.
　결론부터 말하자면 석유는 민주주의와 어울리지 않습니다. 가장 큰 이유는 석유 자체가 소수의 특정 국가나 지역에 집중돼 있는데다, 석유가 제공하는 부와 권력을 소수 특정 세력이 독차지할 때가 많기 때문입니다. 석유는 국가나 거대 기업 같은 중앙 집중적이고 독점적인 권력 시스템과 짝짜꿍이 잘 맞습니다. 이것을 잘 보여주는 게 이른바 '석유 국가'입니다. 석유 국가란 석유에 거의 전적으로 의존해서 살아가는 나라, 석유가 이끌어가는 나라, 곧 석유가 사회와 경제의 중심 기둥이자 뼈대를 이루는 나라를 일컫는 말입니다. 이런 나라에서는 어떤 일이 벌어질까요?

 대부분의 석유 국가에서는 불평등, 정치적 부패와 타락 따위가 기승을 부립니다. 석유로 벌어들이는 돈을 국민 전체를 위해 쓰기보다는 극소수의 권력자, 특권 엘리트 계층, 부패한 관료 등이 독차지하는 경향이 강한 탓이지요. 실상을 좀 더 구체적으로 들여다보면 이런 식입니다.

 석유 국가는 일단 석유가 벌어다주는 돈을 흥청망청 씁니다. 당장 돈이 넘쳐나니 긴 안목으로 튼실한 경제를 차곡차곡 만들어나가기보다는 돈을 낭비하기 쉽습니다. 필요한 게 있으면 그냥 돈을 주고 사면 그만이지요. 막대한 돈을 들여 군사력을 키우거나, 값싼 외국인 노동자를 들여와 온갖 궂은일을 시키기도 하고요. 그러면서 정부에 대한 비판이나 저항은 억누르기 일쑤입니다. 민주주의가 망가지니 권력에 대한 국민의 감시나 통제가 제대로 작동하지 않습니다. 나라가 엉망진창이 되어도 쉬 고쳐질 리 없습니다. 그래서 어느 학자는 이렇게 비꼬았습니다.

"국가로서 마땅히 해야 할 일을 제대로 하는 석유 국가를 찾는 것은 사우디아라비아에서 북극곰을 찾는 것만큼이나 기적이 필요한 일이다."

여기서 우리는 뚜렷이 대비되는 나라들을 만나게 됩니다. 나이지리아, 사우디아라비아, 노르웨이가 그들입니다. 이들 나라는 공통점이 있습니다. 석유로 엄청난 돈을 벌어들였다는 게 그것입니다. 하지만 이들이 걸어간 길은 크게 달랐습니다.

앞에서도 언급한 나이지리아는 석유 수출량이 세계에서 7~8위에 이를 정도로 석유를 많이 생산하는 나라입니다. 이 나라에서 석유를 대량으로 생산하고 수출하기 시작한 것은 1960년대부터입니다. 이 나라가 영국으로부터 독립한 것이 1960년이므로 당시는 나라의 틀을 막 갖추어나가기 시작하던 때입니다. 하지만 이 나라의 민주주의는 위기로 빠져들기 시작했습니다. 농업 중심이던 경제가 별안간에 나라 수입의 80퍼센트를 석유 수출에 기대는 석유 국가로 바뀌면서 벌어진 일입니다.

연구자들에 따르면, 석유와 관련된 부의 85퍼센트를 전체 인구의 1퍼센트밖에 안 되는 사람들이 독차지한 반면, 하루에 1달러(우리 돈으로 1060여 원)에도 못 미치는 돈으로 살아가는 빈민의 비율은 그 이전의 36퍼센트에서 70퍼센트로 치솟았다고 합니다. 또 다른 자료에

따르면, 1970년 이후 이 나라에서 벌어들인 4,000억 달러(427조 원)의 소득 가운데 무려 1,000억 달러를 부패한 관료들이 가로채갔다고 합니다.

세계 최대 석유 생산국 가운데 하나인 중동의 사우디아라비아는 나라에서 쓰는 돈의 90퍼센트를 석유를 팔아서 마련합니다. 그런데 이 나라는 국왕이 다스리는 왕정 독재 국가입니다. 여성에게 선거권을 인정한 것이 극히 최근인 2015년일 정도로 민주주의와는 거리가 멀지요. 이 나라 인구는 약 3,000만 명입니다. 한데 왕족이 7,000명에 이릅니다. 이들은 나라의 돈과 권력을 독차지한 채 온갖 사치를 다 누리며 방탕하게 삽니다. 국민의 불만이 높을 수밖에 없습니다. 하지만 왕족들은 달콤한 기득권을 놓치지 않으려고 계속 국민을 힘으로 탄압하고 있습니다.

이제 다른 경우를 살펴볼까요? 북유럽의 노르웨이가 인근 바다에 대량으로 묻혀있는 석유를 발견하고서 본격적으로 생산하기 시작한 것은 1970년대입니다. 세계 유명 유전 가운데 하나로서 영국과 노르웨이 사이의 널찍한 바다에 걸쳐 있는 북해 유전이 개발된 덕분이지요. 돈이 쏟아져 들어오기 시작했습니다. 그런데 노르웨이는 민주적인 정치 시스템과 유능한 정부, 그리고 탄탄한 국내 경제 체제를 갖추고 있었습니다. 그 덕분에 이 나라는 석유 개발을 적절한 수준으로 관리했고, 석유 고갈에 대비해 '석유 기금'을 조성했습니다. 석유가 안겨주는 돈을 즉흥적으로 탕진하는 게 아니라 미래를 위해 저축하는 거지요. 또한 석유를 팔아 번 돈으로 정부 재정을 손쉽게 충당할 수 있었음에도 국민들 세금으로 나라를 운영했습니다. 이런 지혜로운 노력 덕분에 노르웨이는 많은 나라가 빠졌던 석유 국가의 함정을 피해 튼실한 민주주의 복지국가의 길을 걸어가고 있습니다.

석유 국가 이야기가 보여주듯이 석유는 본질적으로 집중과 독점의 에너지입니다. 이는 석유 산업과 석유 시장에서도 어김없이 확인할 수 있습니다. 전 세계 석유 산업과 석유 시장을 쥐락펴락하는 주역은 몇 손가락으로 꼽을 수 있는 극소수의 거대 에너지 기업입니다. 흔히 '석유 메이저'라 불리기도 하는 엑손모빌, 셰브론, BP, 로열더치셸 등이 그들입니다. 남미 오리엔테와 아프리카 오고니랜드를 파멸로 몰아넣은 악명 높은 기업들이 두루 포함돼 있지요. 세계 석유 시장은 이들 몇몇 기업의 독무대이자 '사냥터'라고 해도 지나친 말이 아닙니다.

이들의 위력은 이들이 벌어들이는 돈의 규모를 보면 잘 알 수 있습니다. 대표적으로 엑손모빌은 오랫동안 세계에서 가장 큰 돈 가치를 지닌 기업으로 군림해왔습니다. 정보화 흐름을 타고 마이크로소프트, 구글, 애플 같은 거대 정보통신 기업들이 눈부시게 약진하면서 석유 기업들의 위세가 조금 떨어지긴 했습니다. 하지만 지금도 세계에서 돈을 가장 많이 버는 10대 기업 가운데 3~4개가 석유 기업입니다.

  돈과 힘이 극소수 기업에 쏠리면 양극화와 불평등이 깊어집니다. 그 결과 민주주의가 무너지고 사회 전체가 병들 수밖에 없습니다. 민주주의를 원하나요? 정의와 평등을 원하나요? 지속가능하고 공정하고 튼튼한 경제를 원하나요? 그러려면 석유가 지배하는 경제와 문명에서 벗어나야 합니다.

셰일 에너지가 대안이라고?

　미국은 오랫동안 세계에서 석유를 가장 많이 생산하는 나라였습니다. 1950년대까지는 세계 전체 석유의 70퍼센트가 넘는 양을 생산했지요. 1970년대 중반 정도까지도 옛 소련과 함께 가장 많은 석유를 생산했고요. 하지만 1970년대 중반 이후부터 상황이 달라집니다. 석유 생산량이 늘어나지 않는 시기가 길어지더니 급기야 1980년대 중반부터는 줄어들기 시작했습니다. 워낙 석유를 많이 소비한 결과 점차 고갈되기 시작한 탓이지요. 그러다 2000년대에 접어든 이후에는 석유 생산량 순위에서 사우디아라비아는 물론 러시아에도 밀리게 됩니다.

그런데 신기한 일이 벌어졌습니다. 미국이 지난 2015년 세계에서 석유를 가장 많이 생산하는 나라 자리에 다시 올라선 겁니다. 무슨 일이 있었던 걸까요? 비결은 셰일 에너지의 본격 개발이었습니다. 앞에서 기술적 한계나 경제적 비용 탓에 개발되지 못한 석유가 있다는 얘기를 했습니다. 이 가운데 대표적인 것이 재래식 석유와는 구분되는 셰일 에너지입니다.

지구 땅속 깊은 곳에는 입자가 미세한 진흙이 쌓인 뒤 물기가 빠지면서 굳어진 암석층이 존재합니다. 이 진흙퇴적암층을 셰일층(또는 혈암층)이라 하는데, 바로 여기에 석유와 가스가 묻혀있습니다. 이것이 셰일 오일과 셰일 가스이며, 이 둘을 합쳐서 셰일 에너지라 부릅니다. 이것은 땅속 수천 미터나 되는 깊은 곳의 바윗덩어리에 갇혀있는 에너지원입니다. 때문에 그동안은 있다는 것을 알면서도 캐낼 엄두를 내지 못했습니다. 기술도 없었고 돈도 너무 많이 들었지요.

그런데 2000년대 들어 '수압파쇄'라는 기술이 새롭게 개발됐습니다. 이것은 셰일 암석층에 갇혀있는 셰일 가스와 셰일 오일을 빼낼 수 있도록 바위에 틈을 만들어내는 기술을 말합니다. 먼저 땅 밑을 깊숙이 파내려간 다음 셰일층이 나오면 드릴 머리를 꺾어 이번엔 옆으로 파 들어갑니다. 그렇게 해서 만든 시추공에 모래와 화학물질

을 섞은 대량의 물을 엄청나게 센 압력으로 뿜어 넣어 바위에 틈을 내고 석유와 가스를 뽑아 올리지요.

셰일 에너지의 매장량은 얼마나 될까요? 전문가에 따라 의견이 갈리긴 하지만, 인류가 앞으로 최소한 100년은 넉넉하게 쓸 수 있는 양이라는 얘기를 많이 합니다. 요즘 같은 에너지 위기 시대에 사람들이 환호성을 지를 만하지요. 특히 세계에서 에너지를 가장 많이 소비하는 미국과 중국에 매장량이 많습니다. 그래서 수압파쇄 기술을 먼저 개발한 미국에서는 요즘 셰일 에너지 개발 바람이 거세게 불고 있습니다. 2015년에 이미 셰일 오일 생산량이 미국 전체 석유 생산량의 50퍼센트를 넘어섰지요. 별안간에 미국은 옛날처럼 세계에서 석유를 가장 많이 생산하는 나라가 되었고, 에너지 수입국에서 수출국으로 바뀌었습니다. 2035년쯤이면 에너지를 자급하게 될 거라는 성급한 예측까지 나오고 있으니, 가히 '셰일 혁명'이라 불릴 만하지요.

이에 따라 미국 경제 또한 커다란 변화를 맞이하게 되었습니다. 에너지 가격이 낮아지고 그 결과 에너지 비용이 줄어들었습니다. 이는 자연스레 경제 활성화로 이어졌습니다. 업종마다 다르긴 하지만 제조업의 경쟁력이 높아졌습니다. 값싼 노동력 등을 찾아 외국으로 나갔던 기업들이 다시 돌아오고 있습니다. 어떤 사람들은 셰일 에너지가 세계 에너지 지도를 뒤바꿀 거라고 전망하기도 합니다. 에너지 가격, 에너지를 둘러싼 분쟁, 강대국들 사이의 패권 다툼 판도 등에 커다란 영향을 미칠 거라는 얘기지요.

그렇다면 셰일 에너지는 새로운 희망의 구세주일까요? 에너지 문제를 한 방에 해결해줄 '마법의 물질'일까요? 그렇게 보기는 어렵습니다. 실제로, 셰일 에너지에 대한 열광 못지않게 우려와 비판의 목소리도 상당히 높습니다. 무엇보다, 셰일 에너지를 뽑아내는 방식은 환경을 심각하게 망가뜨립니다. 엄청난 물을 낭비해 수자원을 고갈시키는데다 물속에 섞여 있는 화학물질이 지하수나 토양을 크게 오염시키니까요. 또 셰일 가스에는 메탄이 포함돼 있습니다. 제대로 제거하지 않으면 대기오염을 일으키고 지구 온난화를 악화시키게 됩니다. 깊은 땅 밑 곳곳에 커다란 구멍을 내는 방식이어서 지진을 일으킬 위험도 큽니다. 실제로 영국에서는 셰일 에너지를 개발하다가 약하긴 했지만 지진이 두 번이나 발생하는 바람에 작업을 중단한 적이 있습니다.

더 근본적으로는 셰일 에너지 또한 언젠가는 고갈될 수밖에 없는 화석연료라는 점이 중요합니다. 셰일 에너지를 개발하더라도 에너지 위기가 조금 더 늦추어질 뿐이라는 얘기지요. 값싼 셰일 에너지가 대량으로 공급되면 그간 인류가 에너지 위기를 극복하려고 기울

여온 다양한 노력이 뒷걸음질 칠 가능성도 높습니다. 아닌 게 아니라 미국에서는 셰일 에너지 바람이 불기 시작한 뒤로 재생에너지 개발에 대한 투자가 시들해졌다는 소식이 들려오고 있습니다. 셰일 에너지라는 아주 강력하고도 달콤한 유혹을 뿌리치기는 쉽지 않을 것입니다. 하지만 그것이 에너지 위기의 근본 해결책이 될 수는 없습니다.

석유 문명을 넘어

그럼, 석유를 둘러싼 갖가지 위기가 재앙이기만 한 걸까요? 그건 아닙니다. 석유를 대신할 다른 에너지원을 찾으면 되니까요. 운명적으로 종말이 예정돼 있는 석유 문명을 넘어 지속 가능한 대안적 문명을 만들어나가면 되니까요. 물론 무척 힘든 일이긴 하겠지만 말입니다.

먼저 얘기할 것은 석유를 대신할 게 있다는 사실입니다. 우리 일상생활에서 가장 중요한 전기부터 살펴볼까요? 전기는 태양, 풍력, 수력 등과 같은 재생에너지로 대신할 수 있습니다. 실제로도 다양한 재생에너지 사용이 폭발적으로 늘어나고 있는 게 최근의 세계 흐름입니다. 재생에너지는 에너지를 둘러싼 전체 논의에서 아주 중요한 주제여서 뒤에서 다시 한 번 상세히 다룰 것입니다.

자동차 같은 교통수단의 연료는 어떻게 하면 될까요? 이 또한 대안이 있습니다. 전기 자동차가 대표적입니다. 최근 들어 눈부신 기술 발전에 힘입어 전기 자동차 이용이 빠르게 늘어나고 있지요. 석유로 만드는 그 숱한 물건들은 어떻게 하면 될까요? 이것은 분명 해결하기가 쉽지 않은 문제입니다. 하지만 이에 대해서도 크게 걱정할 일이 아니라고 주장하는 전문가들이 적지 않습니다. 이런 용도로도 석유를 대신할 새로운 물질을 만들어낼 수 있으리라는 얘기지요.

앞에서 말했듯이 석유는 생물체가 변형됨으로써 생겨났습니다. 그리고 그 변형은 아주 오랜 세월에 걸쳐 자연 속에서 진행되었습니다. 그렇다면, 생물체를 사람이 직접 변형하는 방법을 찾아내면 석유를 대신할 물질을 만들어낼 수 있지 않을까요? 사실은 지금도 짚이나 식물에서 뽑아낸 물질로 플라스틱을 만들고 있습니다. 바나나 껍질에서 섬유(실을 만드는 데 쓰이는 가는 털 모양의 물질)를 뽑아낼 수도 있고요. 석유가 사라질수록 이런 기술은 더욱 빠르게 발달할 것입니다.

이런 이야기에서 보듯이 석유가 사라진다고 해서 세상이 망하지는 않을 것입니다. 석유 의존과 중독에서 좀 더 담대하게 벗어나야 합니다. 우리는 석유 없이도 살아갈 수 있고, 또 살아갈 수 있어야 합니다. 그런데 여기서 명심할 게 있습니다. 지금껏 살펴본 석유 문명의 그늘은 석유라는 에너지원 자체의 고갈을 넘어 석유로 상징되는 현대 산업문명에 대한 깊은 성찰을 요구하고 있다는 점이 그것입니다.

석유 문명의 바탕에는 에너지 낭비를 끝없이 부추기는 현대 문명의 구조적 문제가 깔려 있습니다. 동시에 각 개인의 삶이라는 측면에서 보면 끊임없이 풍요롭고 편리하게 살고자 하는 이기적 욕망 또한 꼭 짚고 넘어가야 할 문제입니다. 사회경제 시스템을 핵심으로 하는 이 세상의 구조와 질서를 바꾸지 않으면, 나아가 더 많은 소비와 소유를 떠받드는 물질 중심의 생활방식과 가치관을 바꾸지 않으면 에너지 위기에서 벗어날 수 없습니다.

그래서 석유 대신 다른 에너지나 물질을 개발하면 된다는 식의 안이한 접근은 근본적인 해결책이 되기 어렵습니다. 에너지를 펑펑 써대는 경제 시스템과 삶의 방식은 그대로 둔 채 단지 에너지원만 석유에서 다른 것으로 바꿔치기한다면 어떻게 될까요? 방식이나 형태는 달라질망정 또 다른 에너지 위기가 되풀이되지 않을까요? 더 넓고 깊은 시각에서 석유 고갈과 에너지 문제를 들여다보아야 하는 이유가 여기에 있습니다.

현재 우리나라의 석유 소비량은 세계 8위입니다. 압도적인 1위는 미국, 2위는 중국, 3위 인도, 4위 일본, 5위 사우디아라비아, 6위 브라질, 7위 러시아 순입니다. 2017년 기준으로 우리나라 경제 규모는 세계에서 11위, 인구 규모는 27위입니다. 인구나 경제 규모에 비추어볼 때 석유를 상당히 많은 쓰는 편이지요. 우리보다 훨씬 더 잘사는 독일, 캐나다, 프랑스 등의 석유 소비량 순위는 우리보다 낮습니다. 특히 갖가지 석유화학제품을 만드는 데 쓰는 석유 소비량은 우리나라가 세계 5위에 달합니다. 석유 수입량도 세계 5위입니다.

흔히들 우리나라는 기름 한 방울 나지 않는 나라라고 합니다. 틀린 말입니다. 우리나라도 공식적으로는 산유국으로 등록돼 있습니다. 지난 2004년부터 경남 울산 앞바다의 동해 가스전에서 원유와 천연가스를 생산하고 있지요. 양이 아주 적어서 큰 의미를 지니지는 못하지만 말입니다.

어쨌든 잊지 말아야 할 것은 우리나라가 석유를 지나치게 많이 쓰고 에너지 위기에 매우 취약하다는 점입니다. 석유를 포함한 전체 에너지 소비량 순위에서 우리나라는 세계 10위입니다. 이런 상황에서 우리나라의 에너지 외국 의존도는 무려 97퍼센트에 이릅니다. 우리가 쓰는 에너지원의 거의 전부를 외국에서 들여오고 있다는 뜻이지요. 석유 가격이 어떻게 변하는지, 국제 에너지 상황이나 흐름이 어떻게 달라지는지 등에 따라 경제는 물론 우리 사회 전체와 각 개인의 생활이 큰 영향을 받을 수밖에 없습니다. 석유를 비롯한 에너지 문제에 더욱 각별한 경각심을 가져야 할 까닭입니다.

3장

앗 뜨거워라, 지구 온난화

사라지는 나라들

　화석연료 문명이 일으키는 또 하나의 중대한 문제는 지구 온난화와 이로부터 비롯하는 기후변화입니다. 이것은 지금의 에너지 위기가 불러일으키는 여러 문제 가운데서도 가장 심각하고 절박하다고 할 수 있습니다. 우리 인간의 지속 가능한 생존을 뿌리에서부터 위협하기 때문입니다. 게다가 이것이 미치는 영향은 특정한 곳이나 때, 일부 대상에 국한되지 않습니다. 지구와 이 지구에 깃들어 살아가는 모든 생명체뿐만 아니라, 현세대를 넘어 미래세대의 삶과 운명마저도 판가름할 지구촌 최대의 환경 현안이 바로 이것입니다.

　이것이 일으키는 재앙을 가장 극적으로 보여주는 건 온난화 탓에

바닷물 수위가 높아지는 바람에 마을이 사라지고, 지속되는 가뭄과 사이클론에 시달리지만 여전히 키리바시를 사랑한다는 키리바시 국민들. (유엔기후변화회의)

이 지구상에서 사라져가는 나라들이 있다는 사실입니다. 남태평양의 작은 섬나라인 투발루와 키리바시 등이 대표적이지요. 이런 나라는 온난화가 일으키는 바닷물 수위 상승으로 국토 자체가 물에 잠기고 있습니다. 그 바람에 이런 곳에서는 나라 전체 차원에서 국민 이주 사업을 추진하고 있습니다. 정말 슬프고도 안타까운 비극이지요.

이처럼 환경 파괴 탓에 생활기반을 잃고서 삶의 터전을 떠나는 사람을 일컫는 말이 있습니다. '환경 난민'이 그것입니다. 이 가운데서도 기후변화 때문에 삶터를 등진 사람은 '기후 난민'이라 부릅니다.

투발루와 키리바시 사람들만 이런 불행을 겪는 게 아닙니다. 바닷가 낮은 지역에 많은 인구가 몰려 사는 인도양 연안의 방글라데시도 바닷물이 높아져 온난화 피해가 극심한 나라로 악명이 높지요. 유엔의 기후변화 관련 국제기구는 바닷물 상승으로 방글라데시에서 2050년까지 전체 인구 1억 6,000여만 명 가운데 2,000만 명에 이르는 기후 난민이 발생할 것으로 예측하고 있습니다. 세계 전체로는 2억 5,000만 명의 기후 난민이 발생할 것으로 예측되고요. 이미 전쟁보다 환경 파괴나 기후변화로 이주하는 사람이 더 많아진 게 지금 현실입니다.

이처럼 오늘날 지구 온난화는 세계 곳곳에서 자연뿐만 아니라 사람의 삶과 생존 또한 심각하게 파괴하고 있습니다. 사람이 기후 시스템을 망가뜨리고 그렇게 망가진 기후가 사람을 다시 고통으로 몰아넣는 악순환이 계속되고 있는 거지요.

지구 온난화는 왜 일어날까?

이런 지구 온난화는 왜 일어날까요? 잘 알다시피 지구 온난화란 사람들이 산업 활동이나 일상생활을 하면서 배출하는 이산화탄소 같은 온실가스 탓에 지구 기온이 올라가서 더워지는 것을 말합니다. 즉, 온난화의 주범은 온실가스입니다. 그리고 온실가스는 공장에서 물건을 만들거나, 자동차를 타고 다니거나, 전기를 생산하는 것과 같이 사람이 여러 가지 활동을 하면서 에너지를 사용할 때 나옵니다. 이 온실가스가 지구의 기후 시스템을 뒤흔들고 어지럽힌다는 것이 문제의 핵심입니다.

온실가스란 온실 효과를 일으키는 기체를 말합니다. 이산화탄소,

메탄, 아산화질소 등이 대표적이지요. 이들 온실가스 가운데 기후 변화를 일으키는 데 압도적인 영향을 미치는 것은 단연 이산화탄소입니다. 거의 90퍼센트에 가까운 비중을 차지하지요. 자연에는 본래 적은 양의 온실가스가 존재합니다. 이게 없다면 지구 기온이 급격히 떨어져서 사람을 포함한 생명체가 살기 힘들겠지요. 문제는 이런 온실가스가 인간 활동으로 인해 아주 짧은 기간에 너무나 빠르게, 또한 너무나 많이 늘어나고 있다는 점입니다. 그 결과가 바로 지구 온난화입니다.

우리가 주목할 것은 온실가스가 인간의 에너지 사용과 깊은 관계를 맺고 있다는 사실입니다. 사람은 어떤 활동을 할 때 반드시 에너지를 사용하는데, 이 에너지를 만들어내는 게 바로 석유, 석탄, 천연가스 같은 화석연료니까요. 다시 말하면, 사람들이 경제성장과 산업 발전을 이루고 풍요롭고도 편리한 생활을 하려고 화석연료로 만든 에너지를 지나치게 많이 쓰는 게 온난화의 가장 큰 원인이라는 얘깁니다. 온난화의 주범이자 온실가스의 대표주자인 이산화탄소의 4분의 3이 인간이 사용하는 화석연료에서 발생하지요.

아울러 세계적으로 인구가 계속 늘고, 개발을 위해 숲을 마구 베어내며, 육식 중심의 음식 문화가 퍼지면서 가축을 너무 많이 기르고, 세계화 바람을 타고 나라 사이에 무역량이 날로 늘어나는 것 등도 온실가스 배출을 부추기는 중요한 원인들입니다.

이쯤에서 한 가지 궁금증이 생길 법합니다. 온난화는 지금만 일어나는 현상일까요? 그렇진 않습니다. 온난화가 일으키는 기후변화는 과거부터도 쭉 있었습니다. 45억 년에 이르는 기나긴 지구 역사에서 기후는 때때로 더워지기도 하고 추워지기도 하고 그랬지요. 지구는 오랜 세월 동안 언제나 새로운 기후 조건과 부딪혔고, 거기에 적응해 왔습니다. 또한 기후변화에는 태양 활동의 변화, 지구 공전 궤도와 자전축 변화 등과 같은 자연적 요인도 부분적으로 영향을 미칩니다. 그렇다면 오늘날 지구 온난화가 커다란 논란거리가 되는 이유는 뭘까요?

지구 전체 차원에서 산업화가 본격적으로 이루어지기 이전, 그러니까 대체로 19세기 정도까지 기후변화는 대부분 자연 활동의 결과였습니다. 이에 견주어 오늘날 온난화를 일으키는 가장 큰 요인은 자연이 아닌 인간 활동입니다. 그리고 온난화의 속도가 옛날에 견주어 아주 빨라졌습니다. 이는 산업혁명 이후 불과 200여 년 사이에 급속도로 산업화가 이루어지면서 경제 규모가 커지고 사람들의 생활수준이 높아진 탓에 화석연료 사용이 엄청나게 늘었기 때문입니다.

한마디로, 지금 우리가 겪고 있는 지구 온난화는 화석연료를 지나치게 많이 사용하는 인간 활동이 일으키는 인위적인 환경 재앙이라고 규정할 수 있습니다. 에너지 문제는 이처럼 현재는 물론 우리의 미래 생존과도 깊이 연결돼 있습니다.

자연의 역습

 그럼, 지구는 그동안 얼마나 더워졌을까요? 기후변화 문제를 다루는 데서 가장 권위 있는 '기후변화에 관한 정부간 협의체(IPCC)'라는 기구가 가장 최근에 발표한 보고서에 따르면, 지난 133년 동안(1880~2012년) 지구 평균 기온은 0.85도 상승했습니다. 앞으로는 어떻게 될까요? 이 보고서는, 지금과 같은 추세로 온실가스를 계속 배출한다고 가정할 때 21세기 말 지구 평균 기온은 1986~2005년에 비해 3.7도 더 오르고 바닷물 수위는 평균 63센티미터 높아질 거라고 예상했습니다. 최악의 경우에는 기온은 4.8도, 해수면은 82센티미터까지 상승할 것이라고 전망했고요. 나아가 이 보고서는 지금 당장 인류가 온실가스 배출을 완전히 멈춘다 해도 지구의 기후변화는 수백 년이나 더 지속될 것이라고 강조했습니다.

우리나라는 어떨까요? 우리나라는 상황이 더욱 심각합니다. 세계에서 유례를 찾아보기 힘들 정도로 급속한 산업화와 경제성장을 이룬 탓입니다. 전문가들의 예상대로라면 21세기 후반(2071~2100년)에는 남한의 대부분 지역과 북한 황해도 연안은 아열대 기후로 바뀌게 됩니다. 이에 따라 21세기 후반 북한 평양의 연평균 기온은 현재 제주도 남쪽 도시 서귀포의 연평균 기온인 16.6도와 비슷해지게 됩니다. 폭염과 열대야 현상도 훨씬 더 심각해진다고 합니다. 연평균 폭염 일수가 지금의 7.3일에서 21세기 후반에는 30.2일로 껑충 뛸 거라는 예측이 나오고 있지요.

혹시 이렇게 생각할지도 모르겠습니다. 뭐 고작 그 정도의 온도 변화 가지고 호들갑을 떠느냐고 말입니다. 하지만 자연이란 그렇지 않습니다. 아주 복잡하고 정교한 시스템으로 이루어진 자연은 본래 작은 변화에도 민감한 반응을 보입니다. 그래서 얼핏 별것 아닌 듯싶은 온도 변화만으로도 큰 영향을 받습니다. 지구의 오늘날 평균 기온과 수만 년 전 빙하기 때 평균 기온의 차이가 불과 5도밖에 안 된다는 사실이 이를 잘 보여주지요.

그래서 온난화가 일으키는 재앙은 때와 장소, 대상을 가리지 않

습니다. 수많은 동식물이 멸종 위기에 빠지기도 하고, 바닷물 수위가 높아져서 땅 높이가 낮은 섬나라나 해안 지역은 바다 속으로 사라지기도 합니다. IPCC 보고서는 온도가 1도 올라가면 생물종의 30퍼센트가 멸종 위기에 처할 것이라고 전망합니다. 유엔환경계획(UNEP)은 바닷물 높이가 1미터 상승하면 방글라데시 같은 낮은 지역은 지도에서 아예 사라질 뿐만 아니라, 전 세계 경작지의 3분의 1에 피해를 끼쳐 식량 생산이 크게 줄어들 것이라고 경고합니다.

가뭄, 홍수, 태풍, 집중호우, 폭설 등과 같은 기상 이변과 자연재해 또한 갈수록 더 강력해지고 잦아지고 예측 불가능해지고 있습니다. 바닷물 온도가 올라가고 산성화되는 바람에 물고기를 비롯한 수많은 바다 생물도 커다란 위험에 빠져들고 있습니다. 사막은 늘어나는 반면에 숲은 줄어들고 있습니다. 말라리아나 뎅기열 같이 특정 지역에서만 발생하던 질병이 다른 곳으로 퍼져 나가고 있고, 새로운 질병도 자꾸 생겨나고 있습니다.

우리나라는 세계 평균보다 두 배나 빨리 기온이 높아지고 있어서 더 가파른 변화 조짐을 보입니다. 우리나라는 본래 사계절이 뚜렷한 온대 기후 지역입니다. 한데 우리가 피부로 느끼듯이 언제부턴가 봄과 가을이 아주 짧아지고 있습니다. 바다의 물고기 지도도 바뀌고 있습니다. 이를테면 이전에 동해에서 가장 많이 잡히던 명태가 지금은 거의 다 사라졌습니다. 찬물을 좋아하는 명태나 대구는 사라지는 반면에 더운물을 좋아하는 오징어, 멸치, 고등어 등은 훨씬 많아졌지요. 농작물 재배 지역도 크게 바뀌고 있습니다. 사과, 포도 같은 과일 재배 지역이 더욱 북쪽으로 올라가고 있습니다. 대신에 이전에는 볼 수 없었던 열대 과일 재배가 늘어나고 있습니다.

이 모두 자연 생태계의 질서와 안정이 깨지는 탓에 벌어지는 일들입니다. 지구 온난화와 기후변화는 이처럼 자연과 인간 모두를 거대한 혼돈의 소용돌이로 몰아넣고 있습니다. 우리 인류가 에너지를 지나치게 마구 쓰고 잘못 다룬 데 따른 '자연의 역습'입니다.

정의의 눈으로 기후변화를 보니

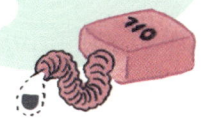

오늘날 우리나라는 물론 세계 전체 차원에서도 가장 중대한 사회문제로 첫손가락에 꼽히는 것은 불평등과 양극화입니다. 기후변화에서도 불평등과 불공평 문제가 심각하기는 마찬가지입니다. 그래서 정의의 눈으로 기후변화를 따져볼 필요가 있습니다. 이것은 기후변화의 원인과 결과, 책임 소재, 해결 방안 등을 명료하고 정확하게 이해하는 데에도 큰 도움이 됩니다.

먼저 확인할 게 있습니다. 기후변화를 일으킨 주범은 그간 온실가스를 펑펑 내뿜어온 선진 산업국들이라는 사실이 그것입니다. 일찍부터 산업화와 경제성장을 이루고 물질의 풍요를 누리는 과정에서 엄청나게 많은 에너지를 사용한 게 이들입니다. 반면에 기후변화로 인한 피해를 가장 크게 입는 곳은 산업화나 경제성장이 덜 진행된 가난한 나라들입니다. 이들 나라가 배출하는 온실가스는 얼마 되지 않습니다.

자료에 따르면, 세계 인구의 20퍼센트에 불과한 선진 산업국 사람들이 지구 전체 에너지와 자원의 80퍼센트를 소비하고 있습니다. 최대 소비국은 역시나 미국입니다. 미국 인구는 세계 전체 인구의 5퍼센트입니다. 하지만 전 세계 자원과 석유 소비량에서 미국이 차지하는 비중은 각각 30퍼센트와 20퍼센트에 이릅니다. 에너지 불평등은 고스란히 부(富)의 불평등으로 이어집니다. 세계 사람 가운데 가장 부유한 5분의 1이 가장 가난한 5분의 1이 가진 부의 무려 150배를 가지고 있지요.

이산화탄소 배출량은 어떨까요? 상위 선진 산업국 10개 나라가 세계 전체 배출량의 67퍼센트를 차지하는 데 반면에 200개가 넘는 나머지 나라의 배출량은 모두 합쳐도 33퍼센트에 지나지 않습니다. 이산화탄소 배출량의 세계 순위를 나라별로 살펴보면 중국이 1위로 가장 많고, 미국, 러시아, 인도, 일본, 독일, 이란, 한국, 캐나다, 사우디아라비아 순으로 그 뒤를 잇습니다. 상위 10개 나라엔 최근 급속한 경제성장을 계속하고 있는데다 인구도 엄청나게 많은 중

국과 인도 같은 나라도 포함돼 있습니다. 이란과 사우디아라비아도 포함돼 있고요. 이들은 전통적인 선진 산업국들이 몰려 있는 북미나 유럽 나라들과는 달리 본격적인 산업 발전과 경제성장의 역사가 그리 길진 않습니다. 그래서 한 나라의 이산화탄소 배출 총량뿐만 아니라 국민 한 사람당 배출량도 살펴보는 게 좋습니다. 이 기준으로 따져보면 당연히 순위가 달라집니다.

2008년부터 2012년까지 5년 동안 주요 나라들의 국민 한 사람당 온실가스 배출량을 조사한 자료를 보면 미국 6,815킬로그램, 오스트레일리아 5,644킬로그램, 한국 5,268킬로그램, 독일 3,886킬로그램, 일본 3,546킬로그램입니다. 세계 평균 1,898킬로그램과 비교하면 1.5~3.6배에 이르는 양이지요. 반면에 방글라데시는 고작 214킬로그램입니다. 방글라데시 사람 한 명의 온실가스 배출량이 미국 사람 한 명 배출량의 3퍼센트 정도인 셈이지요. 이는 곧, 미국 사람 한 명이 방글라데시 사람 30명을 합친 것보다 지구 환경에 더 큰 영향을 미친다는 뜻입니다. 우리나라 사람 한 명은 방글라데시 사람 25명에 맞먹는 양의 온실가스를 내뿜고 있습니다. 아마도 투발루나 키리바시 같은 조그만 섬나라의 국민 한 사람당 배출량은 방글라데시보다 더 적을 것입니다. 온실가스를 내뿜을 산업이나 시설 자체가 거의 없으니까요.

요컨대, 온실가스를 대량으로 내뿜어 지구를 망가뜨린 사람들은 풍요를 누리는 반면, 안 그래도 가난하게 사는 사람들은 그 온실가스가 일으키는 피해를 가장 크게 뒤집어쓰고 있습니다. 잘살고 힘센 곳 사람들이 자기의 풍요와 안락을 누리느라 지구 전체의 약자들에게 커다란 고통을 떠넘기며 이들을 희생양으로 삼고 있다는 얘기지요. 이것이 정의의 눈으로 온난화와 기후변화를 볼 때 알게 되는 '불편한 진실'입니다.

이런 얘기의 연장선에서 한 가지 더 살펴볼 게 있습니다. 한 나라에서 배출되는 온실가스가 전적으로 그 나라만의 책임인가 하는 문제입니다. 예를 들어 오늘날 세계 사람들은 중국이나 동남아 등지에서 생산되는 값싼 제품을 많이 씁니다. 그럼, 이런 제품을 생산할 때 나오는 온실가스에 대한 책임을 오로지 생산한 나라만이 져야 할까요? 세계화 시대인 요즘은 본사는 선진국에 있는 거대 다국적기업들이 공장은 개발도상국 같은 곳에 세워서 제품을 생산할 때가 많습니다. 그리고 이렇게 생산된 제품은 대부분 수출됩니다. 제품을 생산한 나라 사람들보다는 그 나라보다 잘사는 다른 나라 사람들이 제품의 실제 수요자일 때가 더 많다는 얘기지요.

이럴 경우 온실가스 배출의 책임을 누가 더 크게 져야 할까요? 물론 한마디로 쉽게 답하기는 어렵습니다. 하지만 이런 현실은, 선진 산업국들과 거대 기업들이 자기들이 져야 할 온실가스 배출 책임을 교묘하게 다른 나라로 떠넘기는 결과를 낳을 수 있다는 사실을 일깨워줍니다. 이처럼 온실가스 배출 책임을 둘러싼 이야기에는 여러 가지 복잡한 사정이 얽혀있습니다. 형태나 양상은 다양하지만 기본 뼈대는 하나입니다. 풍요와 안락을 즐기는 선진 산업국들의 이해관계에 따라 가난한 나라와 가난한 사람들에게 큰 피해가 떠넘겨지고 있다는 게 그것입니다.

계층 사이는 어떨까요? 대체로 기후변화의 피해는 잘사는 사람들보다는 가난한 사람들, 예컨대 농민, 도시 빈민, 토착 원주민 등에게 집중됩니다. 누구보다 자연의 영향을 크게 받고 자연에 깊이 의존하면서 살아가는 사람들이 이들이기 때문입니다. 게다가 이들은 기후변화에 대처할 수 있는 수단이나 자원을 충분히 가지고 있지 못할 뿐만 아니라 정치적 영향력도 미미하기 마련입니다.

예컨대 인도에서는 기후변화로 말미암은 극심한 가뭄 탓에 지난 30년 동안 6만 명에 가까운 농민이 스스로 목숨을 끊었습니다. 농작물 피해가 커지고 그에 따라 빚도 늘어나 먹고살기가 너무 고달파진 탓에 빚어진 비극이지요. 결국, 기후변화를 일으킨 책임이 누구에게 있든 돈과 힘을 누가 더 많이 가지고 있느냐에 따라 기후변화의 피해자가 결정된다는 얘깁니다.

세대 사이라고 다를까요? 에너지 소비가 선사해주는 이득과 혜택을 누리는 건 현세대입니다. 하지만 그로 인한 기후변화의 피해와, 그 피해를 줄이기 위한 노력이나 비용 부담 등은 갈수록 미래세대 몫으로 떠넘겨집니다. 미래세대 입장에서는 아주 억울한 노릇이지요. 이건 세대 간의 불공평이라고 할 수 있습니다.

기후변화는 단순한 환경문제에서 그치는 게 아닙니다. 기후변화는 정의, 평등, 민주주의 등과 같은 가치가 적용돼야 할 정치적 사안이자 사회구조적 문제이기도 합니다. 이는 기후변화를 넘어 에너지 문제 전반에도 그대로 적용됩니다. 다음에서 보듯이, 이는 기후변화의 해결책을 찾는 데서도 가장 중요하게 고려해야 할 점입니다.

기후변화를 막으려면?

    기후변화는 지구 전체의 문제이기에 그간 국제사회에서는 기후변화를 막으려는 노력을 다각도로 기울여왔습니다. 그 가운데 대표적인 것은 수많은 나라 대표가 모여서 만든 '교토의정서'와 '파리 기후변화 협약'입니다. 1997년 12월 채택되고 2005년에 공식 발효된 교토의정서의 핵심 내용은 미국과 일본, 그리고 유럽 여러 나라를 비롯해 온실가스를 많이 배출한 38개 선진국들이 2008년에서 2012년 사이에 의무적으로 온실가스 배출량을 1990년 대비 5.2퍼센트 줄인다는 것이었습니다. 하지만 세계에서 온실가스를 가장 많이 배출해온 미국은 자기들 경제에 너무 손해라면서 여기에 참여하지 않았습니다. 또 여러 나라 사이에 복잡하게 얽혀있는 이해관계도 제대로 조정되지 못한 탓에 별다른 효과를 거두지 못했습니다.

그래서 다시 2015년에 수많은 세계 사람이 프랑스 파리에 모여 만들어낸 것이 파리 기후변화 협약입니다. 여기서는 세계 모든 나라가 지구 온도 상승 폭을 21세기 말까지 산업화 이전 대비 2도 훨씬 아래로 억제하고 최소한 1.5도를 넘지 않도록 노력한다는 국제적 합의가 이루어졌습니다. 이 협약에서 '2도'를 특별히 강조한 데에는 그럴 만한 까닭이 있습니다. 지구 기온 상승 폭이 2도를 넘어서면 그야말로 돌이킬 수 없는 '기후 파국'을 맞으리라는 것이 많은 전문가의 공통된 예측이기 때문입니다. 방금 설명한 여러 기후변화의 재앙이 감당하기 어려운 규모와 속도로 한꺼번에 들이닥칠 거란 얘기지요. 그래서 이 2도는 인류와 지구의 미래를 지키기 위한 '최후의 방어선'이라 불리기도 합니다.

파리 협약은 새로운 '희망의 등불'이 될 수 있을까요? 한편으로 기대가 커진 건 사실입니다. 하지만 다른 한편으로는 이 협약의 전망 또한 그리 밝지 않은 것이 현실입니다. 각 나라가 온실가스 감축 방안을 제출하는 것은 의무 사항으로 규정했지만, 그것의 실제 이행은 의무 사항으로 못 박지 못한 탓입니다. 그렇게 하도록 '노력'하기로 하는 데서 그쳤지요. 이는 곧 목표 달성에 필요한 강제적이고 법적인 구속력은 없다는 뜻입니다. 게다가 미국은 교토의정서 때와 마찬가지로 파리 협약에서도 제멋대로 탈퇴하고 말았습니다. 골칫거리는 미국만이 아닙니다. 적지 않은 나라가 겉으로 내세우는 말과는 달리 실제로는 자기들 이해관계에 따라 온실가스를 줄이는 일에 미적거리고 있습니다.

잊지 말아야 할 것은, 기후변화를 막으려는 국제적 노력에 큰 걸림돌이 되는 것이 기후변화에서의 불평등이라는 점입니다. 되풀이되는 얘기지만 기후변화의 주범은 산업화를 먼저 이룬 선진국들입니다. 반면에 개도국들은 이제 좀 잘살아 보겠다고 막 산업화의 길을 걷기 시작한 나라들입니다. 이런 상황에서 선진국들이 기후변화는 지구 전체의 문제이니 모든 나라가 함께 온실가스를 줄이자고 주장하면 개도국 입장에서는 어떤 마음이 들까요? 이제껏 온실가스를 내뿜어 지구를 망가뜨린 게 누군데 이제 와서 좀 잘살아 보려는 자신들에게까지 책임을 뒤집어씌우느냐고 반발하지 않을까요? 개도국들의 이런 주장에는 분명 일리가 있습니다.

그래서 기후변화 문제를 제대로 해결하려면 선진국들이 훨씬 더 큰 책임과 의무를 져야 합니다. 온실가스 배출을 줄이려면, 또 기후변화가 일으키는 갖가지 피해와 문제를 해결하려면 막대한 돈과 기술이 필요합니다. 이런 걸 갖추고 있는 게 선진국들이니 이들이 감당해야 할 몫이 클 수밖에 없지요. 선진 산업국들은 자기 나라의 온실가스 배출량을 줄이는 데서 할 일을 끝내선 안 됩니다. 자기들 탓에 고통받는 수많은 사람과 미래세대, 나아가 지구 전체를 위해 더 많은 자금과 기술 등을 내놓아야 합니다.

물론 기후변화는 모든 나라와 모든 사람이 함께 책임져야 할 인류 보편의 문제입니다. 그렇지만 그 책임의 정도와 맥락은 크게 다릅니다. 이 점을 명심해야 기후변화의 올바른 해결책을 찾을 수 있습니다. 또한 이것이 기후변화 문제에서 정의를 세우는 길

입니다. 그럼, 개도국이나 가난한 나라들은 어떻게 하는 게 좋을까요? 선진국부터 자신들의 책임에 걸맞게 온실가스 배출을 먼저 줄이되, 개도국들도 이에 점차 동참하고 선진국은 이들에게 기술과 자금을 지원해 이런 노력을 돕는 게 현명한 방향입니다.

우리나라는 세계에서 여덟 번째로 이산화탄소를 많이 배출하는 나라입니다. 국민 한 명당 배출량 또한 몇 손가락 안에 들 정도로 아주 많습니다. 특히 우리나라 온실가스 배출량은 최근 20여 년 사이에 두 배도 넘게 늘었습니다. 세계에서 가장 높은 증가율이지요. 우리나라도 지구 공동체의 일원으로서 기후 위기를 극복하는 일에 더욱 큰 책임감을 가지고 적극적인 행동에 나서야 합니다.

돈과 기술이 해결책일까?

 돈이나 기술로 기후변화를 막을 순 없을까요? 돈과 기술 중심의 기후변화 해결책 모색이 활발한 것이 현실이므로 이것은 꼭 짚어보아야 할 질문입니다. 먼저 이런 식의 해결책으로는 어떤 것들이 있는지 알아보겠습니다.
 돈을 중심으로 한 경제적인 대책 가운데 대표적인 것은 탄소 배출권 거래 제도입니다. 이것은 말 그대로 온실가스를 사고팔 수 있도록 한 제도를 말합니다. 각 나라의 온실가스 배출량이 자신에게 부여된 할당량보다 적으면 그 여유분을 다른 나라에 팔 수 있고, 반대로 배출량이 할당량을 넘어서면 다른 나라한테서 배출권을 사들일

수 있도록 하는 것이 이 제도의 골자입니다. 할당량은 나라별로 부여되지만 실제 거래의 대부분은 기업들 사이에서 이루어집니다.

이런 제도는 얼마나 효과를 발휘할까요? 이 제도는 한마디로 온실가스에 가격을 매기는 것입니다. 온실가스를 많이 배출한 기업은 초과한 배출량에 해당하는 만큼 배출권을 사면 그만입니다. 돈만 주면 배출량 감축 의무나 책임에서 벗어날 수 있는 거지요. 이것이 근본적인 문제입니다. 게다가 탄소 시장 동향에 따라 배출권 가격은 오르기도 하고 내리기도 합니다. 만약 가격이 떨어지면 기업들은 온실가스 배출을 줄이려고 큰 비용을 드는 일을 추진하거나 번거로운 노력을 기울이기보다는 손쉽게 배출권을 사들이는 것으로 자기 할 일을 때우려 하기 십상입니다. 그래서 이런 제도로 온실가스 배출을 실질적으로 줄이는 것은 한계가 뚜렷할 수밖에 없습니다. 탄소 배출권 시장을 일컬어 기업들의 '새로운 놀이터'라고 비아냥거리는 목소리가 높아지는 건 이런 이유에서입니다.

기술적인 해결책은 어떨까요? 과학자들은 지구 온도를 낮추고 대기 중 온실가스를 줄일 수 있는 여러 기술적 방안을 궁리해왔습니다. 그 가운데 최근 도드라지는 것이 지구의 기후 시스템에 대한 거대한 기술공학적 개입입니다. '지구공학' 또는 '기후공학'이라 불리지요. 여기엔 크게 두 가지 방법이 있습니다.

하나는 지구로 오는 태양빛을 막거나 반사시켜 지구 온도를 낮추는 것입니다. 다른 하나는 자연의 이산화탄소 흡수 작용을 인공적으로 활발하게 만들거나 별도의 기술적 장치를 이용해 이산화탄소를 없앰으로써 대기 중 온실가스 농도를 낮추는 것입니다. 이 두 가지 방법에는 공통점이 있습니다. 첨단 공학 기술과 막대한 자본을 동원해 지구 생태계와 기후의 특성을 대규모로 조작한다는 게 그것입니다.

예를 들어, 햇빛을 반사하는 대표적인 방법으로는 비행기, 로켓, 대포, 풍선 등을 이용해 대기 중 일정 공간에 이산화황 같은 미세입자를 대량으로 살포하자는 아이디어를 꼽을 수 있습니다. 그렇게 퍼져나간 입자들이 지구로 내리쬐는 햇빛을 반사함으로써 지구 온도를 낮추는 데 효과가 있으리라는 거지요. 바다 위의 구름을 조작하는 방안도 있습니다. 바닷물을 뿜어내는 배를 띄워 바람의 힘을 이용해 수분을 하늘로 더 많이 공급하면 구름의 양이 늘어나 햇빛을 막게 될 거라는 아이디어입니다. 우주 공간에 거대한 반사체를 설치하자, 사막을 햇빛을 잘 반사하는 물질로 뒤덮자, 건물 지붕을 모두 흰색으로 칠하자 등과 같은 제안들도 나오고 있습니다.

대기 중 이산화탄소를 없애는 방안 가운데 대표적인 건 바다의 식물성 플랑크톤이 성장하는 데 필요한 영양물질을 대량으로 뿌리자는 아이디어입니다. 그렇게 하면 바다 표면 가까이에서 광합성을 하는 플랑크톤이 아주 빠르게 늘어나 공기 중 이산화탄소를 대량으로 흡수하리라는 거지요.

이런 것들의 성공 가능성은 얼마나 될까요? 아마도 국지적이고 일시적으로는 어느 정도 효험을 볼 수 있을지 모릅니다. 하지만 지구는 실험실이 아니라는 사실을 명심해야 합니다. 아주 복잡하고 정교한 관계 속에서 수많은 변수가 작용하는 지구 기후와 생태계를 대상으로 인위적인 거대 실험을 하는 것은 근본적으로 위험하고 무모한 짓입니다. 예측하지 못한 중대한 환경 피해나 치명적인 돌발 사태가 얼마든지 벌어질 수 있으니까요.

이를테면 플랑크톤 대량 번식은 바닷물 산성화나 바다 생태계 붕괴로 이어질 수 있습니다. 이산화황 대량 살포는 지구 생명체를 자외선으로부터 지켜주는 오존층을 파괴할 수 있습니다. 이산화황이 빗물에 섞여 땅으로 떨어지면 지상 생태계에 피해를 일으킬 가능성도 배제할 수 없고요. 햇빛을 반사하는 방안들은 강우량을 감소시켜 식량 생산이나 일상생활에 심각한 문제를 일으킬 것입니다. 요컨대, 거대 지구공학 기술은 기후변화의 해결책이라기보다는 외려 더 큰 재앙을 낳을 가능성이 높습니다. 그래서 어떤 이들은 이런 기술을 '금지된 장난'이라 부르기도 합니다.

과학자들은 탄소를 모아 저장하는 방안도 연구하고 있습니다. 이미 발생한 이산화탄소를 모아 바다 속이나 땅 밑 등에 저장해서 가두어버리자는 아이디어지요. 하지만 이런 방식은 단순히 탄소를 따로 모아 저장하자는 것이어서 이산화탄소 배출을 근본적으로 막거나 줄이는 대책이 아닙니다. 자칫 사고라도 나면 어떻게 될까요? 저장해둔 이산화탄소가 한꺼번에 쏟아져 나오는 참사가 벌어지지 않을까요? 또한 이런 기술에는 막대한 에너지 비용과 자원이 투입돼야 합니다. 기후변화라는 심각한 에너지 문제를 더 많은 에너지를 동원해 해결하려는 꼴이지요.

이런 식의 해결책이 자꾸 나오는 이유는 뭘까요? 그것은 지금의 물질적 풍요와 편리한 삶을 그대로 즐기면서 손쉽게 문제를 해결하려는 달콤한 유혹을 떨쳐버리지 못해서입니다. 고통이나 인내가 따르는 근본적 변화는 밀쳐둔 채 화석연료에 의존하는 지금의 경제 시스템과 삶의 방식을 그대로 유지하고픈 욕망을 포기하지 못해서입니다. 한편으로는, 과학기술에 대한 지나친 낙관이나 맹신이 이런 움직임의 바탕에 깔려 있다는 점도 지적해두어야 할 대목입니다.

기후변화는 무한 성장의 깃발 아래 대량생산, 대량소비, 대량폐기 시스템을 엔진으로 삼아 굴러가는 현대 자본주의 산업문명의 본질과 직결돼 있는 문제입니다. 풍요, 편리, 안락 등에 길든 현대인의 낭비적 생활양식과도 깊이 맞물려 있습니다. 게다가 기후변화는 지구 전체에 걸친 문제입니다. 나라마다 처지와 이해관계가 제각각 다릅니다. 그만큼 통일된 해법이나 효율적인 대응책을 찾기가 무척 어렵습니다. 돈이나 거대 기술 같은 '요술지팡이'로 손쉽게 해결할 수 있는 문제가 아니라는 얘기지요.

개인보다는 구조를 주목하라

한 가지 더 생각해볼 게 있습니다. 기후변화 문제에서 개인의 생활태도나 소비 습관을 바꾸는 것은 어떤 구실을 얼마나 하는지가 그것입니다.

예를 들어보겠습니다. 서울에서 부산까지 가족 4명이 여행을 다녀온다고 가정해봅시다. 기차를 이용하는 고속철도(KTX) 요금은 2018년 6월 현재 5만 9,800원입니다. 왕복을 해야 하므로 한 명당 11만 9,600원이 듭니다. 모두 4명이니 다 합치면 교통비만 해도 48만 원에 가깝습니다. 만약 자동차를 이용한다면 교통비가 얼마나 들까요? 자동차의 종류나 주행 경로 등에 따라 차이는 나겠지만 대

체로 20만~25만 원 정도면 됩니다.

　이런 상황에서 기꺼이 기차를 타려고 하는 사람이 얼마나 될까요? 자동차의 온실가스 배출량은 기차에 견주어 6배나 많습니다. 자동차 이용을 줄이는 것이 좋다는 건 누구나 아는 사실입니다. 하지만 비용을 두 배씩이나 지불하면서 자동차를 포기하고 기차를 선택하기란 쉬운 일이 아닙니다. 착한 일, 좋은 일을 한다는 건 생각처럼 그리 간단한 일이 아닙니다.

　온실가스 배출은 개인 문제가 아닙니다. 개인의 책임만 지나치게 부각시키면 문제의 본질과 초점을 놓칠 수 있습니다. 특히 빈곤이나 불평등 문제와 기후변화 문제를 분리할 때 이런 문제가 생깁니다. 모든 나라와 모든 사람에 대해 획일적으로 온실가스 배출을 줄이라고 윽박지르면 가난한 이들이 인간답게 살 권리를 훼손하는 결과를 낳을 수 있으니까요. 설령 본래 의도는 그게 아니었다고 하더라도 말입니다.

　기후변화는 단순히 개인의 도덕적 문제로 환원할 수 없습니다. 개인 차원의 문제와 깊은 관계를 맺고 있긴 하되 더 본질적으로는 잘못된 경제 시스템과 사회구조의 문제입니다. 그러므로 근본적으로 중요한 것은 대량의 온실가스를 끝도 없이 배출하게 만드는 지금의 사회경제 시스템과 현대 문명의 생활방식 자체를 바꾸는 일입니다.

 현대인의 삶은 화석연료를 바탕으로 만들어진 정치, 경제, 사회의 구조적 틀 안에 갇혀 있고 거기에 깊이 길들어 있습니다. 경제성장과 개발, 돈과 소비와 소유, 생산력과 효율과 속도와 경쟁 따위를 우상처럼 떠받드는 지금 세상의 구조와 체제, 문화, 가치관을 그대로 두고서는 기후 재앙을 피할 수 없습니다.

4장
★
원자력발전이여 안녕

재앙의 에너지

 석유 문명이 저물고 있다는 목소리가 높아지는 가운데 어떤 사람들은 에너지 위기의 대안으로 원자력발전을 내세웁니다. 이들은 원자력발전이 안전하고, 비용이 적게 들며, 온실가스를 거의 배출하지 않는다고 주장합니다. 무엇보다 에너지를 값싸게 대량으로 공급할 수 있는 가장 적절한 방법이 원자력발전이라는 주장을 많이 하지요. 과연 그럴까요?

 이제부터 원자력발전의 실체를 하나하나 들여다볼 텐데, 그 전에 한 가지 얘기해둘 게 있습니다. '원자력발전'이라는 용어 문제가 그것입니다. 정확하게 표현하자면 '원자력발전'이 아니라 '핵발전'이 맞는 용어입니다. 원자력발전은 우라늄이 핵분열을 일으킬 때 발생하는 엄청난 양의 열에너지를 이용해 전기를 생산하는 기술입니다. 우라늄이 핵분열 할 때 나오는 열로 증기를 만들어 그 힘으로 터빈을 돌려 전기를 생산하는 방식이지요.

이에서 보듯 원자력이란 핵에너지입니다. 물질을 구성하는 최소 단위인 원자는 핵과 전자로 이루어져 있습니다. 이 원자의 핵이 분열할 때 어마어마한 에너지가 발생하는데, 이 원리를 무기를 만드는 데 이용하면 핵폭탄이 되고 전기를 만드는 데 이용하면 핵발전이 됩니다. 그러니까 핵무기와 핵발전은 사실상 '쌍둥이'라고 할 수 있지요. 핵무기와 핵발전을 반대한다는 뜻에서 '반핵'이라는 용어가, 핵에서 벗어나자는 뜻으로 '탈핵'이라는 용어가 널리 쓰이는 것도 이런 사실과 연관이 있습니다. 이런 사실을 명확하게 짚어두되, 이 책에서는 편의상 일반적으로 통용되는 '원자력발전'이라는 용어를 쓰겠습니다.

원자력발전에서 가장 큰 문제는 뭐니 뭐니 해도 방사능입니다. 원자력발전은 전기를 생산하는 과정에서 방사능이라는 무시무시한 물질을 만들어냅니다. 원자력발전을 죽음과 절멸의 에너지라 규정하는 핵심 이유가 이것이지요. 한꺼번에 많이 맞으면 바로 죽기도 하지만, 그렇지 않더라도 오랜 세월에 걸쳐 암, 유전병, 심장병 등을 비롯해 갖가지 치명적인 질병을 일으키는 공포의 물질이 바로 이 방사능입니다. 그래서 방사능을 맞으면 곧바로 사망하지는 않더라도 장기간에 걸쳐 극심한 고통을 겪다가 서서히 죽어가는 경우가 많습니다. 방사능 물질이 '죽음의 재'라 불리는 까닭입니다.

  방사능은 눈에 보이지도 않고 냄새도 나지 않습니다. 바람이나 흐르는 물에 섞여 아주 멀리까지 갈 수 있습니다. 때문에 원전 사고가 한 번 나면 파멸적인 재앙을 피할 수 없습니다. 이것을 생생하게 보여준 대표적인 두 가지 사례가 있으니, 체르노빌 원전 사고와 후쿠시마 원전 사고가 그것입니다.

체르노빌, 후쿠시마, 그다음은?

1986년 4월 26일, 과거 소련에 속했던 우크라이나의 체르노빌 원자력발전소에서 대규모 사고가 터졌습니다. 사고가 난 뒤 짧은 기간 안에 수많은 사람이 원자력발전소에서 새어나온 방사능을 맞아 죽었고, 사고 원전으로부터 반지름 30킬로미터 안에 거주하던 주민 수십만 명은 방사능 오염을 피해 다른 지역으로 떠나야만 했습니다. 세계보건기구(WHO) 자료에 따르면, 이 사고로 죽은 사람이 9,000명에 이른다고 합니다.

당시 소련 정부가 정보를 은폐하고 조작한 탓에 정확한 피해 실태를 파악하기는 어렵습니다. 하지만 사고 이후에도 오랜 세월에 걸쳐 수많은 사람이 죽어갔습니다. 여태껏 암을 비롯한 갖가지 질병에 시달리고 있는 사람도 수십만 명에 이르지요. 사고가 났던 원전으로부터 반지름 10킬로미터 안쪽은 누구도 드나들 수 없는 출입 금지 구역이 되었습니다. 반지름 30킬로미터 이내 지역은 영원히 사람이 살 수 없는 거주 금지 구역이 되었습니다. 여전히 방사능이 남아 있어 너무나 위험한 탓입니다.

그뿐만이 아닙니다. 사고 뒤 방사능 누출을 막으려고 두께 100미터, 높이 165미터나 되는 5,000톤 규모의 콘크리트 덮개를 씌웠습니다. 그런데 사고가 난 지 30년이 지나서 그 위에 다시 2만 톤에 달하는 철제 덮개를 씌우는 공사를 해야만 했습니다. 이전에 씌운 콘크리트 덮개가 낡아 방사능 누출 위험이 커진 탓입니다. 원전 사고가 두고두고 얼마나 큰 피해를 낳는지를 새삼 일깨워주는 장면이지요. 체르노빌 참사는 당시 누출된 방사능이 바람을 타고 유럽 전체로 퍼지는 바람에 그 뒤 세계적인 원전 반대 여론을 일으키는 결정적인 계기가 되었습니다.

2011년 3월 11일에는 일본 동북부 후쿠시마 원자력발전소에서 또 다시 엄청난 사고가 터졌습니다. 그날 이 지역 앞바다에서 인류 역사에서 몇 손가락 안에 꼽히는 초대형 지진과 쓰나미라 불리는 지진해일이 발생했습니다. 그 결과 수만 명이 사망했고 인근 지역은 모조리 폐허로 변했습니다. 재앙 뒤에 기다리고 있던 것은 더 끔찍한 재앙이었습니다. 인근의 후쿠시마에서 발생한 원전 사고가 그것입니다. 지진으로 발전소가 부서지고 각종 설비가 망가지는 바람에 방사능이 대량으로 새어나왔습니다. 일본뿐만 아니라 온 세계가 공포에 떨어야 했습니다. 발전소 부근 지역은 한순간에 생명체가 살 수 없는 '죽음의 땅'으로 변했습니다. 그 탓에 체르노빌 참사 때와 마찬가지로 20만 명이 넘는 인근 주민이 대피해야만 했지요.

후쿠시마의 비극은 지금도 계속되고 있습니다. 지금까지도 방사능에 오염된 물이 끊임없이 흘러나오고 있고, 이 가운데 상당한 양이 태평양과 주변 지하수로 흘러들어가고 있습니다. 전문가들의 조사 결과에 따르면 일본 땅 전체의 70퍼센트가 방사능 물질의 하나인 세슘으로 오염됐다고 합니다. 그리고 이 물질이 모두 없어지려면 300년이나 걸린다고 합니다. 이처럼 한 번 대형 사고가 나면 거의 영구적으로 죽음과 파멸의 저주를 내뿜는 것이 원자력발전입니다.

눈여겨볼 것은 그동안 대규모 원전 사고가 난 나라들이 지닌 공통점입니다. 방금 얘기한 두 사고 외에 세계 3대 원전 사고로 꼽히는 또 하나의 유명한 사고는 1979년 미국에서 발생한 스리마일 사고입니다. 펜실베이니아 주의 어느 강에 있는 스리마일이라는 섬의 원자력발전소에서 기계와 부품 고장, 직원의 실수 등이 빚어낸 아찔

한 사고였지요. 체르노빌 사고는 소련, 후쿠시마 사고는 일본, 스리마일 사고는 미국에서 터졌습니다. 이 세 나라는 모두 원전 수가 아주 많은 나라입니다. 원자력발전을 일찍 시작했기에 낡은 원전을 많이 보유한 나라들이기도 합니다.

우리나라는 어떨까요? 우리나라는 2018년 현재 24기의 원자력발전소를 운영하고 있습니다. 원전 수 세계 5위, 전체 설비 용량으로도 세계 5위입니다. 국토 면적과 비교한 원자력발전소의 수를 뜻하는 이른바 '원전 밀집도'는 세계 1위입니다. 국토 면적당 원전 설비 용량 또한 세계 1위입니다. 아주 낡은 원전도 몇 개나 됩니다. 이런 상황을 종합해볼 때 우리나라는 원전 위험도, 곧 대형 원전 사고가 터질 가능성이 세계 1위라고 해도 지나친 말이 아닙니다. 대형 사고가 난 소련, 일본, 미국보다 더 위험하다고 해도 그리 지나친 말이 아니지요.

문제는 여기서 그치지 않습니다. 우리나라는 원전 주변 인구수에서도 세계 1위입니다. 원전 단지에서 반지름 30킬로미터 안에 거주하는 인구가 부산 인근 고리 원전의 경우 380만 명, 경북 경주 인근 월성 원전의 경우는 130만 명입니다. 후쿠시마 사고 때 원전 반지름 30킬로미터 안의 거주 인구는 17만 명이었습니다. 게다가 체르노빌이나 후쿠시마와는 달리 우리나라 원전은 핵심 산업지대에 아주 가까운 곳에 자리 잡고 있습니다. 대형 사고가 한 번이라도 터지면 엄청난 인명 피해를 넘어 나라 경제 전체가 치명타를 입을 위험이 아주 크다는 얘기지요.

더욱 걱정스러운 것은 최근 급속한 경제성장에 따라 빠르게 늘어나고 있는 중국의 원전입니다. 한번 상상해 보세요. 중국에서 원전 사고가 터지는 경우를 말입니다. 그리고 한번 떠올려 보세요. 툭하면 중국에서 우리나라로 날아오는 황사와 미세먼지를 말입니다. 방사능이 황사와 미세먼지처럼 바람을 타고 우리나라로 날아온다면 어떻게 될까요? 만에 하나 중국에서 원전 사고가 난다면 우리나라는 직격탄을 맞을 수밖에 없습니다. 정말 소름 돋는 일이 아닐 수 없지요.

또 한 가지 살펴볼 것은 지진입니다. 일본의 경험이 보여주듯이 지진은 원전 사고를 일으키는 주요 원인 가운데 하나입니다. 우리나라는 지진 안전지대일까요? 아닙니다. 최근 우리나라에서도 대규모 지진이 이전에 비해 자주 일어나고 있습니다. 2016년 9월 경북 경주에서 우리나라 지진 관측 역사상 가장 큰 지진이 일어났습니다. 2017년 11월에는 경북 포항에서 두 번째로 큰 지진이 일어났습니다. 도로와 건물이 부서지고 수많은 사람이 피난을 떠나는 등 큰 피해가 발생했지요. 우려스러운 것은 이 두 지역이 모두 원전과 가까

러시아가 만든, 세계 최초의 바다에 떠다니는 원자력발전소 '아카데믹 로모노소프'가 2019년 8월 출항했다. 환경단체들은 "떠다니는 체르노빌이 될 것"이라며 우려한다.

운 곳이라는 점입니다. 이제 우리나라도 지진에서 안전하다고 안심할 수 없습니다.

원전을 찬성하는 쪽에서는 큰 지진이 닥쳐도 견딜 수 있도록 원전이 안전하게 설계돼 있다고 주장합니다. 하지만 방심은 금물입니다. 설계 기준을 뛰어넘는 지진이 얼마든지 발생할 수 있으니까요. 예컨대 후쿠시마 원전을 보호하려고 바닷가 쪽에 쌓은 제방의 높이는 5.7미터였습니다. 대다수 사람이 그 정도면 안전하다고 여겼지요. 한데 사고 당시 육지를 덮친 쓰나미의 높이는 무려 13.1미터에 달했습니다. 전혀 예상치 못했던 일이 벌어진 겁니다. 우리라고 이런 일을 당하지 말란 법이 있을까요?

한편, 원전은 200만~300만 개에 이르는 부품으로 이루어져 있습니다. 아주 거대하고 복잡한 첨단 기술의 복합체가 원전입니다. 때문에 아무리 철저하게 안전을 관리한다고 해도 언제든 사고가 날 수 있습니다. 무엇보다 사람이란 본디 실수하기 마련인 불완전한 존재입니다. 그런데 원전에서는 작은 실수나 부주의 하나가 곧 대형 참사로 이어질 가능성이 대단히 높습니다.

이런 원전을 안고 살아야 할까요? 원자력발전은 본질적으로 우리 인간의 능력으로는 감당할 수 없는, 다시 말하면 애당초 태어나지 말았어야 할 '괴물'이라고 해야 하지 않을까요? 이는 다음에서 살펴볼 '핵 쓰레기' 문제에서도 확인할 수 있습니다.

영원히 불을 끌 수 없다면

　원전에서 전기를 생산한 뒤 나오는 '핵 쓰레기'를 어떻게 처리할 것인지도 커다란 골칫거리입니다. 핵 쓰레기는 방사성폐기물이라고도 하는데 여기서는 흔히 쓰이는 핵폐기물이라는 표현을 쓰겠습니다. 원전에서 나오는 폐기물은 크게 두 가지입니다. 하나는 방사능이 거의 없거나 방사능 강도가 낮은 중저준위 핵폐기물입니다. 다른 하나는 방사능 강도가 높아서 아주 위험한 고준위 핵폐기물입니다. 중저준위 폐기물은 원전에서 사용된 작업복, 장갑, 드럼통, 필터, 윤활유 같은 걸 말합니다. 고준위 폐기물은 전기를 만들고 남은 핵연료를 말합니다. 이게 바로 '사용후 핵연료'라는 거지요.

물을 끓여 증기를 만든 핵연료는 아주 뜨겁기 때문에 '임시 저장 수조'라 불리는 물통의 찬물에 넣어 식혀야 합니다. 최소한 10년 이상, 길게는 수십 년 동안 이렇게 식힌 고준위 폐기물은 그 뒤 짧게는 10만 년에서 길게는 100만 년 동안 안전하게 보관해야 합니다. 그 정도 세월이 흘러야 방사능이 완전히 없어지는 탓이지요. 중저준위 폐기물도 관리 기간이 300년에 이릅니다.

여기서 문제는 뭘까요? 핵심은, 우리 인류가 아직 사용후 핵연료와 같은 핵폐기물을 안전하고 완벽하게 처리할 방법을 찾지 못하고 있다는 점입니다. 현재 인류가 도달한 과학기술 수준으로는 이 문제를 해결할 방도가 없습니다. 바로 이 때문에 원자력발전에 대해, 비행기가 일단 이륙은 했는데 착륙할 곳을 찾지 못해 공중에서 헤매고 있는 꼴이라고 비판하는 사람들도 있습니다. 원자력발전을 '영원히 끌 수 없는 불'이라고 한 과학자도 있고요. 이 문제를 어떻게 해야 할까요?

원자로에서 막 꺼낸 사용후 핵연료는 방사능이 워낙 강해서 1미터 떨어진 거리에서 17초만 사람 몸에 노출되어도 누구든 예외 없이 한 달 안에 죽는다고 합니다. 이 정도로 강한 방사능이 사람한테 해롭지 않은 수준으로 떨어지기까지는 최소한 10만 년 이상이 걸립니다. 그런데도 이 문제를 해결할 기술은 없습니다. 말이 좋아 10만

년이지 우리의 일상적 감각으로는 까마득하기 그지없는 세월입니다. 영원불멸의 재앙 덩어리가 핵폐기물입니다.

 몇만 년 뒤에 이 지구에 무슨 일이 벌어질지 우리가 알 수 있나요? 기후변화, 지진, 화산 폭발, 홍수, 전쟁, 테러…. 언제 어디서 무슨 일이 터질지 아무도 모릅니다. 이런 온갖 위험으로부터 완벽하게 안전한 곳을 찾을 수 있을까요? 설사 찾더라도 완벽하게 안전을 관리할 수 있을까요?

 또 한 가지 짚어볼 사항이 있습니다. 방사능 피폭량 기준치라는 게 그것입니다. 방사능에 얼마나 노출되어도 안전한지를 알려주는 일종의 방사능 허용 기준치라고 할 수 있지요. 얼핏 기준치 이하라면 안전하다고 여기기 쉽습니다. 하지만 사실은 그렇지 않습니다. 기준치라는 것 자체가 일종의 허구이자 환상이니까요. 예컨대, 일본 정부는 후쿠시마 사고 직후 이 기준치를 20배나 올렸습니다. 이렇게 새로 정한 기준치에 따라 이 수치 이상으로 오염된 지역 주민들은 대피시켰지만, 이 수치 이하로 오염된 지역에 대해서는 아무런 조치도 취하지 않았습니다. 이전 기준치를 그대로 두었더라면 엄청난 수의 국민을 대피시켜야 하는 일대 혼란이 벌어졌을 테지요. 기준치란 게 이런 식입니다. 그러므로 방사능 기준치란 '안전' 기준치가 아니라 정부 당국이 편의에 따라 정하는 '관리' 기준치라고 할 수

프리피야트 도시의 유치원에 남겨진 장난감.
체르노빌 원전 폭발 뒤 프리피야트는 유령도시가 되었다.

있는 셈이지요. 방사능이 기준치 이하면 안전하다고요? 아닙니다. 이것은 거짓말입니다.

다시 묻습니다. 도대체 어떻게 해야 할까요? 이처럼 위험한 물질을 대책도 없이 끊임없이 쏟아내는 게 옳은 일일까요? 무책임과 부도덕. 이것이 원자력발전의 또 다른 속성입니다.

방사능보다 더 위험한 것은

"체르노빌 원전에서 나온 가장 위험한 물질은 방사능이 아닌 '거짓말'이었어요. 1986년의 거짓말. 저는 체르노빌 원전 사고를 이렇게 부릅니다."

이것은 체르노빌 참사가 터졌을 때 소련 입법기구에서 일했던 사람의 고백입니다. 당시 소련 정부가 사고에 어떻게 대응했는지를 내부적으로 잘 알고 있는 사람이 털어놓은 얘기지요. 사고 당시 소련 정부 당국은 방사능 피해가 심각하다는 걸 알면서도 이를 철저히 숨겼습니다. 방사능을 맞아 수많은 사람이 죽거나 병원으로 실려 가는 와중에 소련 정부는 방사능 기준치를 갑자기 다섯 배나 올렸습

니다. 환자 수를 줄이려는 비열한 꼼수를 부린 거지요. 그 결과 긴급하게 치료를 받아야 할 환자들이 정부가 제멋대로 바꾼 기준치 이하라는 이유로 병원에서 나와야만 했습니다. 이것을 국가가 저지른 범죄라고 한다면 지나친 말일까요? 소련 정부는 이후에도 사망자와 부상자 숫자를 줄이고 숨기는 데 급급했습니다. 사망자, 부상자, 환자, 이주민 등에 대한 조사도 제대로 하지 않았습니다.

후쿠시마 사고 때 일본 정부는 어땠을까요? 사고가 났을 때 일본 정부는 원전에서 나온 방사능 물질이 어디로 이동하는지를 알고 있었지만 밝히지 않았습니다. 공개하면 수많은 사람이 대피하느라 큰 혼란이 일어날 게 우려된다는 명분을 내세우면서 말입니다. 나중에 언론이 문제를 제기한 이후에야 뒤늦게 정보를 공개했지요. 거짓말은 지금까지도 이어지고 있습니다. 좀 전에 얘기했듯이, 2018년 현재도 사고 원전에서는 방사능으로 오염된 상당한 양의 물이 흘러나와 바다와 지하수를 오염시키고 있습니다. 그럼에도 일본 총리는 "후쿠시마 원전은 완벽하게 통제되고 있다."고 흰소리를 늘어놓았습니다.

우리나라도 별반 다르지 않습니다. 우리나라는 오랫동안 핵폐기물 처분장을 어디에 건설하느냐를 두고 골머리를 앓아왔습니다. 극심한 혼란과 진통 끝에 결국 지난 2005년, 3,000억 원의 특별 지원금을 비롯해 갖가지 혜택을 주겠다는 약속을 내걸고서야 간신히 경상북도 경주에 중저준위 폐기물 처분장을 건설하기로 했습니다. 그런데 실상을 들여다보면 무척 충격적입니다. 우선, 처분장이 들어서는 암반의 상당부분이 아주 연약한 4~5등급이라고 합니다. 5등급은 사람이 곡괭이로 팔 수 있을 정도로 약하다지요. 더구나 이 지역은 지하수가 많이 흐릅니다. 그래서 세월이 지날수록 지하수가 들어차 처분장 일대가 물에 잠길 위험이 크다는 전문가들의 우려가 높습니다. 이런 위험한 곳이 어떻게 선정될 수 있었을까요?

어이없게도 정부는 이런 사실을 이미 알고 있었음에도 처분장 터를 선정할 때 이를 선정 위원회에 알리지 않았습니다. 골칫거리였던 터 결정을 서둘러 끝내려고 가장 중요한 정보를 일부러 숨긴 거지요. 원전에 불량품과 중고품을 사용하거나, 부품의 시험 성적서나 검증서를 위조하는 일도 있었습니다. 나아가, 이런 어처구니없는 일에 원전과 관련된 정부 부처 책임자나 기관의 사장이 연루되기도 했습니다. 이 모두 객관적으로 밝혀진 사실입니다.

이처럼 원자력발전은 정보 은폐, 사실 조작, 거짓말, 꼼수 등으로 얼룩져 있습니다. 필연적으로 민주주의와 거리가 멀 수밖에 없습니다. 앞에서 살펴본 석유 문명의 문제들이 고스란히 겹치지요. 석유 문명과 원자력발전 시스템은 본질적으로 같은 속성을 지녔습니다. 특히 원자력발전은 거대 과학기술의 산물인 탓에 권력, 돈, 정책 결정 등에서 중앙 집중과 독점의 문제가 훨씬 더 심각합니다.

예컨대 원전업계에서는 전문가주의와 비밀주의 따위를 바탕으로 하는 이른바 '패거리주의'가 판을 칩니다. 다시 말하면 정치인, 관료, 원자력 산업계, 학계, 언론 등을 중심으로 한 극소수의 특정 집단 사람들이 배타적이고 폐쇄적으로 한통속이 되어 원전과 관련한 중요한 결정 권한과 이득을 독차지한다는 얘기지요. '원전 마피아'나 '핵 카르텔' 같은 말이 널리 쓰이는 것도 이런 배경에서입니다. 이들은 원전이 안겨주는 이익을 자기들끼리 독차지하고자 하는 '원전 특권 세력'이라고 할 수 있습니다. 이런 부패와 특혜의 구조 위에서 번창하는 것이 원전 산업입니다. 프랑스 철학자 앙드레 고르는 이렇게 말했습니다. "자본과 국가가 인간이 자율적으로 결정할 권리를 짓밟는 기술적 도구의 극단이 원자력발전이다."

하지만, 원전을 운영하는 돈은 어디서 나오나요? 일반 시민, 곧 우리가 내는 전기요금에서 나옵니다. 원전 사고가 나면 누가 피해를 당하나요? 일반 시민, 곧 우리입니다. 그런데도 지금의 원자력발전 시스템에서 일반 시민의 참여나 접근은 철저히 봉쇄되고 있습니다. 원자력발전은 민주주의를 파괴하는 에너지입니다.

원전을 둘러싼 잘못된 신화

이런 원자력발전이 경제적이라고 주장하는 사람들이 있습니다. 원자력 덕분에 값싼 전기를 안정적으로 공급받을 수 있다는 거지요. 적은 연료로 많은 에너지를 얻을 수 있다는 것도 원자력발전의 장점으로 꼽힙니다. 이런 주장은 사실일까요?

이미 가동 중인 원전에서 전기를 만들어내는 데 들어가는 비용만 따로 떼어서 보면 원자력발전이 싼 게 사실입니다. 하지만 여기엔 중대한 함정이 있습니다. 원자력발전소는 하늘에서 그냥 뚝 떨어지는 게 아닙니다. 원전 1기를 건설하는 데만 무려 6~7조 원에 이르는 막대한 돈이 들어갑니다. 작게 잡아도 3조 원 이상은 훌쩍 넘어가지요. 게다가 핵폐기물 처리 비용과 사고 처리에 대비한 보험료 등도 엄청납니다. 원자력발전을 둘러싼 분쟁이나 갈등 탓에 발생하는 사회적 비용도 아주 크고요.

앞서도 말했듯이 원전 수명은 보통 30년 정도입니다. 물론 기간을 연장해 더 오랫동안 사용하기도 합니다. 하지만 어쨌거나 수명이 다한 원전은 방사능 오염 때문에 완벽하게 철거해야 하고 주변 지역의 오염도 깨끗이 제거해야 합니다. 원전 1기를 철거하고 해체하는 데 드는 비용은 얼마나 될까요? 우리나라 정부는 6,000억 원 정도로 추정합니다. 이에 비해 최근 미국에서는 원전 2기를 없애는 데 5조 원이 든다는 계산을 내놓았습니다. 1조~2조 원은 될 거라는 의견을 내놓은 국제기구들도 여럿 있고요. 기간도 최소한 15년 이상은 걸립니다. 주변 환경을 완전히 복원하기까지는 80년이 넘는 세월이 흘러야 합니다. 원전이 낡을수록 부품 교체에 들어가는 비용과 안전 관리 비용 등도 크게 늘어날 수밖에 없습니다.

이처럼 원전을 둘러싼 전체 과정을 모두 따져 보면 원전은 결코 값싼 에너지가 아닙니다. 그렇기는커녕 아주 비싸고 비효율적인 에너지입니다. 특히, 고준위 핵폐기물을 처리하고 관리하는 데 드는 비용은 지금으로서는 계산조차 할 수 없습니다. 원자력발전은 아주 먼 훗날까지 두고두고 우리 인류에게 값비싼 청구서를 계속 들이밀

것입니다.

어떤 사람들은 이렇게도 주장합니다. 원전이 이산화탄소 같은 온실가스를 배출하지 않으므로 친환경적인 에너지라고 말입니다. 원자력발전을 하는 과정만 따로 떼어서 보면 온실가스를 거의 배출하지 않습니다. 하지만 이 역시 나무만 보고 숲은 보지 못하는 너무 단순한 주장입니다. 원자력발전이 이루어지는 전체 과정을 따져보면 어떻게 될까요?

원자력발전을 하려면 먼저 연료인 우라늄을 캐내고 운반하고 가공해야 합니다. 거대한 발전소를 건설해야 합니다. 수명이 다하면 그것을 해체하고 철거해야 합니다. 전기를 만들고 나서는 핵폐기물을 처리할 시설을 만들고 운영해야 합니다. 이 모든 과정에서 많은 양의 화석연료가 쓰이고 많은 양의 온실가스가 나옵니다. 무엇보다 원전은 다른 어떤 에너지원에서도 발생하지 않는 방사능이라는 죽음의 물질을 만들어냅니다. '친환경'이라는 딱지를 붙이는 것 자체가 애당초 말이 안 되지요.

원자력발전의 환경 파괴 이야기는 여기서 그치지 않습니다. 원자력발전에는 막대한 양의 물이 사용됩니다. 핵분열로 발생한 열에너지로 물을 끓여 전기를 만드는 과정에서도 물을 많이 쓰고, 뜨거워진 원자로를 식히는 냉각수로 쓰이는 물의 양도 만만치 않습니다.

냉각수로 쓰인 물은 온도가 7도나 올라간다고 합니다. 그렇게 데워진 물은 대개 바다로 흘러갑니다. 이 물을 온배수라 부릅니다. 따뜻하게 배출되는 물이라는 뜻이지요. 온배수는 바다 생태계에 나쁜 영향을 미칩니다. 특히 원전 주변 어장이나 갯벌 등을 망쳐놓기 일쑤지요.

원전 찬성론자들은 원전을 줄이거나 없애면 전기가 부족해져서 큰 난리가 날 거라고 주장하기도 합니다. 여기에는 근거가 있을까요? 지난 2013년 여름, 당시 가동 중이던 우리나라 23개 원전 가운데 10개가 여러 가지 문제가 겹치는 바람에 멈춘 적이 있습니다. 하지만 별 문제는 없었습니다. 2017년 7월에도 비슷한 일이 있었습니다. 당시 계속되는 폭염으로 전력 수요가 절정에 이르렀습니다. 하지만 그때에도 발전 설비 예비율은 34퍼센트에 이르렀습니다. 전력 수요가 정점을 찍었을 때조차도 가동할 수 있는 전체 전력의 34퍼센트나 남아돌았다는 뜻입니다. 일본에서도 후쿠시마 사고 직후 모든 원전의 가동을 멈춘 적이 있는데, 이때도 큰 난리는 나지 않았습니다.

여태껏 우리나라 정부는 전력 설비를 늘리려고 곧잘 전력 수요 전망을 크게 부풀려왔습니다. 그러니까, 전기 소비가 계속 크게 늘어날 터이니 그에 발맞추어 전력 생산 시설 또한 계속 늘려야 한다는 주장이지요. 이는 고스란히 원전을 더 확대하자는 논리로 악용됐습니다. 이런 주장은 오류가 아니라면 의도적인 거짓말입니다. 2030년까지 우리 사회의 연평균 전력 소비 증가율은 1.1퍼센트쯤으로 예측됩니다. 이 정도 증가율이면 굳이 원전을 더 짓지 않아도 안정적으로 전력을 공급할 수 있다는 게 많은 전문가의 평가입니다.

이런 이야기들이 일깨워주듯이 원자력발전에는 갖가지 허구적 신화와 잘못된 고정관념이 덮씌워져 있습니다. 진실은 객관적 사실을 직시하는 데서 나옵니다. 진실은 이제 원전을 멈추라고 요구합니다.

원전 없는 세상은 가능하다

　빠뜨릴 수 없는 또 한 가지 중요한 이야기가 있습니다. 원자력발전 또한 정의의 눈으로 들여다보아야 한다는 점이 그것입니다. 원자력발전소가 들어선 지역의 주민들은 원전 사고와 방사능 누출 위험을 누구보다 크게 떠안은 채 살아갑니다. 자신들이 별로 쓰지도 않는 전기를 생산하느라 무릅써야 할 위험과 불이익이 너무 큽니다. 이에 견주어 서울을 비롯한 대도시 사람들은 방사능 걱정 없이 이런 위험한 곳에서 만든 전기를 맘껏 씁니다. 원자력발전소를 서울에 지어야 한다는 목소리가 나오는 데에는 그만한 까닭이 있습니다. 전기 생산에 큰 위험이 따른다면 그 전기를 펑펑 쓰면서 큰 혜택을 누리는 사람들이 그 위험도 떠안는 게 공평하니까요.

2015년 기준으로 서울의 전력 자립 비율은 1.8퍼센트에 지나지 않습니다. 서울에서 쓰는 전기의 거의 대부분을 외부에서 끌어온다는 뜻이지요. 서울과 비슷하게 인구나 산업시설 등이 밀집된 경기도의 전력 자립 비율은 28.2퍼센트입니다. 원자력발전소나 석탄 화력발전소 등이 몰린 곳은 충남, 전남, 경남, 경북 등지입니다. 이들 지역의 전력 자립 비율은 158.9~325.2퍼센트에 이릅니다. 자신들이 사용하는 전기보다 훨씬 많은 양의 전기를 생산해 외부로 보내고 있는 거지요. 에너지 측면에서 볼 때 지방은 영락없이 수도권의 전력 공급 기지일 뿐입니다.

그렇습니다. 지금 우리가 전기를 생산하고 소비하는 방식은 누군가의 희생과 차별을 바탕으로 유지되고 있습니다. 이런 맥락에서 원자력발전소나 핵폐기물 처분장이 들어서는 곳은 그 사회의 '내부 식민지'라고 할 수 있습니다. 원자력발전소가 일으키는 위험과 피해를 약자들에게 떠넘기는 거지요. 원자력발전소에서 일하는 노동자들도 다르지 않습니다. 이들 또한 일상적으로 방사능 피해의 위험에 노출됩니다. 그럼에도 생계가 걸린 탓에 다른 곳으로 떠나기 어렵습니다. 불의와 불공평은 원자력발전의 본질입니다.

잇따르는 원전 사고는 원자력발전이 당장은 달콤한 편리와 안락

을 안겨주지만 거기엔 값비싼 대가가 따를 수밖에 없다는 것을 잘 보여줍니다. 물론 모든 원전을 곧바로 없앨 수야 없습니다. 장기적인 계획을 세워 단계적이고 점진적으로 원전을 줄여나가면서 다른 대안을 찾는 게 슬기로운 길이라고 할 수 있지요. 여러 선진국이 지금 가고 있는 길이 바로 이것입니다. 세계적 흐름도 다르지 않습니다.

2017년을 기준으로 할 때 유럽에서는 지난 30년 동안 원전 50기를 줄였습니다. 미국도 지난 30년 동안 10기를 줄였습니다. 미국은 원전 99기를 가동하고 있는 세계 1위의 원전 대국입니다. 이런 미국도 2016년 재생에너지로 만드는 전기의 양이 원전으로 만드는 양을 넘어섰습니다. 나아가, 현재 전기 생산량에서 20퍼센트인 원전 비중을 2050년까지 11퍼센트로 줄이고 대신에 재생에너지 비중은 크게 늘릴 계획입니다.

미국은 특히 2017년 7월 한창 건설 공사를 진행하고 있던 원전 4기 가운데 2기의 사업을 중단하기로 결정했습니다. 눈덩이처럼 불어나는 공사비를 감당할 수 없는데다 원자력발전의 경쟁력이 크게 떨어진 탓입니다. 이 2기는 이미 전체 건설 과정의 60퍼센트도 넘게 공사가 진행되던 중이었습니다. 그런 상태에서 공사를 그만두면 천문학적인 손실을 감수할 수밖에 없습니다. 그럼에도 미국은 미련 없이 손을 털었습니다.

　세계 2위의 원전 대국인 프랑스도 2017년 7월 에너지환경부 장관이 2025년까지 현재 원전 58기 가운데 17기의 문을 닫겠다는 계획을 발표했습니다. 원자력발전 비중은 2025년까지 지금의 75퍼센트에서 50퍼센트로 줄일 계획이고요.

　54기의 원전을 가동하던 일본은 후쿠시마 참사 뒤 원전 안전 기준을 강화했습니다. 한데 이 기준을 통과한 원전은 5기뿐입니다. 그런데도 2020년 현재 일본에서는 37기의 원전을 운전중입니다.

　그리하여 2020년 현재 전 세계에서 원전을 1기라도 운영하고 있는 나라는 31개국에 지나지 않습니다. 그 가운데 절반 정도는 새로운 원전을 더 이상 짓지 않고 있습니다. 독일, 스위스, 스웨덴, 이탈리아, 벨기에, 오스트리아, 대만 등은 이미 공식적으로 탈핵의 길을 선택했습니다. 원자력 산업은 갈수록 저물어가고 있습니다. 지금도 여전히 원전 확대를 고집하는 나라는 그리 많지 않습니다. 중국, 러시아, 인도 등과 중동 지역 나라들 정도를 꼽을 수 있지요. 모두 민주주의가 제대로 작동하지 않는 나라라는 공통점을 지니고 있습니다.

기어이 가야 할 길

　우리나라는 어떤 길을 가고 있을까요? 우리나라는 오랫동안 원전 확대 정책을 밀어붙여 왔습니다. 하지만, 다행히 우리나라에서도 원전을 줄여나가려는 움직임이 꿈틀거리고 있습니다. 지난 2017년 5월 정권교체를 이루면서 새롭게 돛을 올린 문재인 정부는 오는 2079년까지 점진적이고 단계적으로 탈핵을 이루겠다고 선언했습니다. 새 원전을 더는 건설하지 않고 기존 원전의 수명은 연장하지 않음으로써 서서히 원자력발전을 줄이겠다는 거지요. 우리나라는 2020년 현재 전체 발전량 가운데 원자력이 차지하는 비중이 30퍼센트인데 이것을 우선 2030년까지는 24퍼센트 정도로 낮출 계획입니다. 원전 개수도 지금의 25기에서 18기로 줄일 계획이고요.

하지만 갈 길은 멀고 험합니다. 정부의 탈핵 의지가 얼마나 굳은지 아직은 의심스럽습니다. 원전 기득권 세력의 저항도 만만찮을 것입니다. 우리 대부분이 원전이 제공해주는 달콤한 혜택에 길들어 있기도 합니다. 하지만 어쨌든, 우리나라도 뒤늦게나마 세계적인 탈핵 물결에 합류하고 있는 것은 사실입니다. 남들이 하는 일을 우리라고 못 할 이유는 전혀 없습니다. 사실 원전을 없애는 것은 엄밀히 말해 경제적 문제도 아니고 기술적 문제도 아닙니다. 그것은 우리 모두의 마음가짐과 '정치적 결단'의 문제입니다.

절대적으로 완벽한 기술이 있을 수 있을까요? 과학기술을 맹신하는 건 어리석은 일입니다. 거대 과학기술은 거대 위험을 낳습니다. 현대 사회를 설명하는 중요한 개념 가운데 하나가 '위험 사회'입니다. 독일 사회학자 울리히 벡이 내놓은 이론이지요. 근대화, 산업화, 과학기술 발전 등이 현대인에게 물질의 풍요와 생활의 편리를 안겨줬지만 그 대가로 새롭고도 거대한 위험을 낳았다는 게 핵심 내용입니다. 핵무기와 원자력발전, 전 지구적인 환경 위기, 대형 사고와 재난 등이 대표적이지요. 특히 원전은 거대한 위험의 결정체이자 '압축판'입니다.

원자력발전소는 오로지 전기를 생산하는 용도로밖에 사용하지 못합니다. 전기를 만들 수 있는 다른 대안이 없다면 계속 원전에 의존할 수밖에 없겠지요. 그러나 우리에겐 다른 대안, 다른 길이 있습니다. 그럼에도 '재앙의 시한폭탄' 같은 원전을 계속 품에 끼고 살아야 할까요? 두말할 나위도 없이 원자력발전의 원료인 우라늄도 언젠가는 바닥날 수밖에 없는 유한한 자원입니다. 전문가들 사이에 견해가 엇갈리기는 하지만, 지금 수준에서 사용할 수 있고 확인할 수 있는 우라늄 매장량만 따지면 앞으로 70~100년 정도 쓸 수 있는 양이 남았다고 합니다. 화석연료와 마찬가지로 어차피 종말을 맞을 수밖에 없는 것이 원자력발전입니다.

 탈핵은 단순한 에너지 정책에서 끝나는 게 아닙니다. 과거와 미래, 파멸과 생존 가운데 어느 쪽을 선택할 것인가의 문제입니다. 경제적·기술적 차원을 훌쩍 넘어서는 사회정치적·윤리적 결단의 문제입니다. 탈핵에는 여러 소중한 가치가 담겨있습니다. 안전성, 지속가능성, 미래세대에 대한 책임, 산업주의와 현대 과학기술 문명에 대한 성찰, 삶과 사회의 생태적 전환 등이 그것입니다. 그러므로 탈핵으로 가는 길은 이 세상과 우리 삶을 전면적으로 바꾸어나가는 길이기도 합니다. 힘들고 더디더라도 기어이 가야 할 길입니다.

5장 ★

세상을 바꾸자, 에너지 전환

두 세상 이야기

중동 지역의 페르시아 만 연안에 두바이라는 곳이 있습니다. 본래 이곳은 별달리 내세울 게 없는 고만고만한 바닷가 고장이었습니다. 이런 두바이에 1990년대 중반 무렵부터 세계에서 가장 높은 건물, 세계에서 가장 큰 인공 섬, 세계에서 가장 호화스런 호텔 같은 것들이 쑥쑥 들어서기 시작했습니다. 세계 최대 쇼핑센터, 세계 최초 해저 호텔 등도 척척 세워졌고요.

두바이가 속한 아랍에미리트는 석유와 천연가스로 부자가 된 나라입니다. 그 와중에 두바이는 장밋빛 미래를 보장하는 초대형 건설과 개발 사업 계획을 내세워 외국의 뭉칫돈을 끌어들였습니다. 그렇게 해서 불기 시작한 돈바람과 개발 바람을 타고 탄생한 것이 방금 얘기한 거대하고도 호화찬란한 인공 구조물들입니다. 그러니까, 화석연료로 일군 부를 바탕으로 막대한 에너지와 자원을 쏟아부어 만든 것이 두바이의 실체인 셈이지요.

이런 겉모습만 본 사람들은 두바이를 향해 '사막의 기적'이니 '꿈의 낙원'이니 하는 멋들어진 찬사를 보냈습니다. 하지만 흥청망청하는 시절은 오래가지 못했습니다. 지난 2008년 금융위기가 온 세계를 덮쳤을 때 두바이에 투자한 외국 자본이 썰물처럼 빠져나가면서 두바이 경제는 치명적인 타격을 입었습니다. 그만큼 두바이의 실제 사회경제적 토대는 아주 취약했다는 얘기지요. 물론 그 뒤 세월이 흐르면서 두바이 경제는 점차 회복되긴 했습니다.

이런 사회에서 사람들은 어떻게 살아갈까요? 화석연료가 안겨준 돈과 개발 바람은 어떤 영향을 미쳤을까요? 먼저 눈에 띄는 것은 두바이 전체 인구 가운데 외국인 비율이 무려 80퍼센트가 넘는다는 점입니다. 이들 가운데 대다수는 아시아와 아프리카 여러 나라에서 일자리를 구하러 온 가난한 외국인 노동자입니다. 그런데 이들의 처지는 노예와 그리 다르지 않습니다. 이들은 가혹한 장시간 노동에 시달리면서도 손에 쥘 수 있는 돈은 쥐꼬리만도 못합니다. 사막 지역의 뙤약볕 아래서 일하기 일쑤이고, 작업 환경 또한 아주 위험하고

형편없습니다. 하지만 이들은 억울한 일을 당해도 항의할 수 없습니다. 두바이에서는 노동자가 사업주에게 항의하는 행위를 불법으로 규정하고 있으니까요. 더구나 이곳에는 제대로 된 언론도, 정당도, 선거도, 시민단체도 없습니다. 민주주의와 인권을 찾아보기 힘듭니다.

두바이의 겉모습은 휘황찬란합니다. 하지만 정작 그런 두바이를 실제로 만들어내고 떠받치고 있는 것은 수많은 노동자의 '노예 노동'입니다. 두바이에는 앞에서 살펴본 석유 국가의 어두운 그늘이 짙게 드리워져 있습니다. 마구잡이 개발로 에너지와 자원을 탕진하는 곳. 약자를 학대하고 착취하는 곳. 요컨대 두바이는 인간과 자연을 동시에 파괴함으로써만 굴러갈 수 있는 곳입니다.

이번엔 남미 대륙으로 갑니다. 콜롬비아 적도 부근의 사막 같은 사바나 지역에 '가비오타스'라는 공동체 마을이 있습니다. 이곳은 거의 모든 면에서 두바이와는 선명한 대조를 이룹니다.

콜롬비아는 본래 오랫동안 전쟁과 테러, 범죄와 마약이 기승을 부리던 나라입니다. 이렇게 된 가장 큰 원인은 극심한 빈부 격차와 부정부패였습니다. 이런 암울한 현실에서 새로운 대안을 찾아 나선 사람들이 일군 '희망의 땅'이 가비오타스입니다. 수백 명 정도로 이루어진 가비오타스 사람들은 서구식 물질의 풍요를 누리기보다는 자연 속에서 평화롭고 소박하게 살고 싶어 했습니다. 경쟁에서 이기기보다는 서로 돕고 협동하는 독자적인 공동체 생활에서 행복을 찾고자 했습니다.

이에 따라 이들은 지역 환경과 조건에 잘 어울리고 자연의 질서를 거스르지 않는 에너지 시스템을 마련했고, 이를 바탕으로 갖가지 도구와 물건을 만들었습니다. 적도의 바람을 에너지로 바꿔주는 풍차, 소형 수력발전기, 아이들의 시소를 이용해 만든 효율 높은 펌프, 물속 세균을 자동으로 없애주는 태양열 주전자, 친환경 태양열 냉장고, 태양열로 일처리를 하는 주방, 옥상 농장 등이 대표적입니다. 이들은 화석연료를 거부했습니다. 대신 자연이 내려주는 태양 에너지를 사용했습니다. 그런 마음가짐으로 메마른 황무지에 생명이 약동하는 울창한 열대 숲을 일구었습니다.

이들이 살아가는 모습은 어떠할까요? 여기서는 모든 사람이 자신의 뜻과 적성, 그리고 공동체의 필요에 따라 일합니다. 직업, 재산, 출신, 나이, 성별 등을 비롯해 어떤 구실로도 사람을 차별하지 않습니다. 어떤 일을 하든 모두가 비슷한 액수의 급여를 받습니다. 숙소, 음식, 교육, 의료 등을 비롯해 살아가는 데 기본적으로 필요한 것들이 무료로 제공됩니다. 때문에 여기서는 남들보다 더 많이 소유하고 소비하려고 애면글면하지 않습니다. 감옥도, 판사도, 경찰도,

교회도 없습니다. 그렇지만 범죄는 없습니다. 자물쇠도 없습니다. 그들은 문을 잠그지 않습니다. 그럴 필요가 없으니까요. 한마디로 가비오타스는, 숱한 악조건을 딛고 참된 행복과 자유를 열망하는 사람들이 만들어낸 놀랍고도 아름다운 세상이라고 할 수 있습니다.

에너지 관점에서 볼 때 두바이와 가비오타스 이야기는 우리에게 소중한 깨달음을 전해줍니다. 에너지는 사회 전체와 깊은 관계를 맺고 있으며, 에너지를 생산하고 사용하는 방식이 한 사회의 운영 원리와 그 속에서 살아가는 사람들의 삶을 크게 바꾼다는 사실이 그것입니다. 세상과 삶의 변화는 에너지에서 시작되기도 하는 법입니다. 다른 에너지를 쓰면 다른 세상과 삶이 펼쳐집니다.

에너지 전환과 '에너지 시민'

화석연료와 원자력 중심의 에너지 현실은 어쩔 수 없이 받아들여야만 하는 고정불변의 질서이자 피할 수 없는 운명일까요? 아닙니다. 이제 바꾸어야 합니다. 새로운 에너지의 길을 열어나가야 합니다. 핵심은 세 가지입니다.

첫째는 에너지 절약과 효율 향상을 확대하는 것입니다. 둘째는 화석연료와 원자력 에너지에 대한 의존을 점차 없애거나 줄이는 대신에 재생에너지를 늘리는 것입니다. 셋째는 더욱 근본적인 차원에서 사회경제 시스템과 사람들의 생활방식을 바꾸는 것입니다. 서로 맞물린 이 세 가지를 실천함으로써 이전과는 다른 새로운 에너지 체제를 만들어내고자 하는 모든 노력을 '에너지 전환'이라 부릅니다.

여기에는 몇 가지 원칙이 있습니다. 에너지 전환을 집중 연구하는 민간 연구단체인 에너지기후정책연구소를 비롯한 여러 전문가의 논의를 종합해서 정리하면 크게 세 가지로 간추릴 수 있습니다.

첫째는 지속가능성의 원칙입니다. 지속 가능한 에너지 시스템으로의 전환을 지향해야 한다는 거지요. 이것을 첫 번째 원칙으로 꼽는 이유는, 지속 가능하지 않다는 것은 우리의 생존과 삶이 오래 이어질 수 없다는 뜻이기 때문입니다. 이것만큼 중요한 게 없다는 건 우리 모두가 아는 상식입니다.

둘째는 민주주의의 원칙입니다. 민주주의의 고갱이는 보통사람들 다수의 참여입니다. 소수의 특정 세력이나 집단이 권력과 자원을 독점하는 것이야말로 민주주의의 가장 큰 적이지요. 에너지는 시민 모두의 것입니다. 일반 시민, 지역 주민, 다양한 이해관계자의 참여가 이루어져야 에너지 민주주의는 꽃을 피울 수 있습니다. 자치와 분권도 중요합니다. 여태껏 에너지 정책과 관련한 권한과 돈은 거의 전적으로 중앙정부가 움켜쥐고 있었습니다. 이제 지역으로 넘길 건 넘겨야 합니다. 대규모 집중에서 소규모 분산으로. 독점에서 자립으로. 에너지 민주주의의 기본 방향이 이것입니다. 독일의 에너지 전문가로서 정치인으로도 활약했던 헤르만 셰어는 '에너지 주권'

이라는 개념을 사용합니다. 내가 사용하는 에너지를 어떻게 생산하고 나눌지를 내 스스로 결정할 수 있어야 한다는 얘기지요. 국가나 기업 같은 기존의 거대 권력 시스템이 일방적으로 내린 결정을 그저 따르는 게 아니라 말입니다. 이것이 민주주의 원칙입니다.

  셋째는 정의의 원칙입니다. 세상에는 에너지 빈곤으로 고통 받는 사람이 아주 많습니다. 75억 명이 넘는 전 세계 인구 가운데 13억 명이 전기 에너지의 혜택을 받지 못하고, 26억 명은 깨끗한 조리

시설 없이 지내는 게 오늘의 현실이지요. 우리나라에도 한겨울에 매서운 추위가 닥쳐도 돈이 없어 난방을 제대로 하지 못하는 사람이 적지 않습니다. 게다가 에너지에서도 부자 나라와 가난한 나라, 부유한 계층과 가난한 계층 사이에 양극화 현상이 심각합니다. 이런 현실에서 모든 사람이 살아가는 데 기본적으로 필요한 에너지를 차별이나 소외 없이 이용할 수 있도록 보장하는 것이 정의의 원칙입니다.

이런 원칙들이 잘 보여주듯이 에너지 전환은 단순히 에너지 차원에서 끝나지 않습니다. 에너지 전환은 정치, 경제, 사회 등을 두루 포함하는 세상 전체의 변화와 깊이 맞물려 있습니다. 특히 에너지 전환의 핵심 원칙들은 불평등과 양극화 줄이기, 경제 시스템과 체질 바꾸기, 복지와 일자리 늘리기, 민주주의와 자치 드높이기 등과 밀접한 관계를 맺고 있습니다. 에너지를 바꾸는 건 세상을 바꾸는 일이기도 합니다.

에너지 전환 과정에서 사람들은 어떻게 바뀔까요? 기존 시스템 아래서 대다수 시민은 그저 수동적인 에너지 소비자나 이용자 신세를 벗어나기 힘들었습니다. 에너지 전환은 사람과 삶의 변화를 포함합니다. 내가 쓰는 에너지가 지속가능성, 생태 위기, 사회정의, 민주주의, 공동체의 평화 등과 어떤 관계를 맺고 있는지 관심을 가지게 됩니다. 새로운 깨달음을 얻거나 실천으로 연결되기도 합니다. 에너지를 더 절약하거나 더 효율적으로 쓰려고 애를 씁니다. 요즘은 집 안에 소형 태양광 발전기를 설치하는 사람이 점점 늘고 있습니다. 재생에너지를 직접 생산하는 거지요. 이것은 에너지 소비자를 넘어 에너지 생산자로 나아가는 길입니다. 때로는 정부의 에너지 정책을 바꾸고자 하는 정치적 행동에 나서기도 하고, 시민단체나 지역 주민 모임 등의 활동에 참여하기도 합니다.

이렇게 하여 탄생하는 것이 '에너지 시민'입니다. 현명하고 윤리적인 소비자. 사회정의를 추구하며 정부 정책과 정치를 바꾸는 민주시민. 기존과는 다른 방식으로 에너지를 만들어내는 생산자. 이 모든 것이 에너지 시민의 모습입니다. 에너지 전환 시대는 이런 에너지 시민의 탄생을 강력하게 요청하고 있습니다.

에너지 낭비의 주범은?

　에너지 전환에서 에너지 사용을 줄이는 것이 중요하다는 건 당연한 얘기입니다. 그런데, 에너지 사용을 줄이려면 에너지를 아껴 쓰고 덜 쓰는 글자 그대로의 에너지 절약뿐만 아니라, 보다 적은 에너지로 상품 생산 같은 여러 가지 일이나 활동을 하는 것을 뜻하는 에너지 효율 향상이 동시에 이루어져야 합니다. 그래서 에너지를 대량으로 사용하는 기업이나 산업체, 공공기관 같은 데서 이런 실천을 열심히 하면 효과가 더욱 커집니다.
　실제로, 우리나라에서 에너지를 낭비하는 주범은 개인이나 가정이 아니라 공장 같은 거대한 생산 설비를 이용하는 기업입니다.

2017년 기준으로 우리나라의 분야별 전력 에너지 소비량에서 산업용이 55퍼센트나 차지하고 있는 것이 단적인 보기입니다. 가정용은 31퍼센트가 조금 넘고, 나머지는 일반용과 기타 항목의 소비량이 차지합니다. 일반용 전력은 서비스업, 공공 및 행정 업무용을 가리키고, 기타에는 교육용, 농사용, 가로등 등이 포함됩니다.

왜 산업 분야에서 이렇게 에너지를 많이 쓸까요? 가장 큰 이유는 산업 구조 자체가 에너지를 많이 소비하는 업종 중심으로 이루어져 있는 탓입니다. 산업용 전기요금의 가격 또한 싼 편이어서 기업들은 전기를 아까운 줄 모르고 씁니다. 산업용 전기요금은 가정용을 비롯해 다른 분야의 전기요금보다 상당히 더 쌉니다. 그러니 기업 입장에서는 굳이 에너지를 절약하거나 에너지 효율을 높이려고 애쓸 필요가 없지요.

우리나라의 전력 소비량 자체가 상당히 많은 건 사실입니다. 국제에너지기구(IEA)가 2017년에 펴낸 보고서에 따르면 중국, 미국, 인도, 일본 등의 뒤를 이어 전 세계에서 8번째로 전력을 많이 쓴다고 합니다. 1인당 전력 소비량을 기준으로 해도 우리나라는 경제협력개발기구(OECD) 평균을 넘어섭니다. 일본, 독일, 프랑스, 영국 같은 나라보다 더 많다지요.

놓치지 말아야 할 것은 이런 통계에 담긴 함정입니다. 내막을 들여다보면 우리나라 가정에서 소비하는 전기량은 OECD 평균의 절반에 지나지 않습니다. 순위로는 전체 35개 회원국 가운데 26~27위 정도지요. 반면에 산업용을 포함한 전체 전기 소비량은 OECD 평균의 1.3배에 이르고, 순위 또한 8위로 치솟습니다. 이런 일이 벌어지는 것은 산업용 전력 소비량이 가정용보다 훨씬 많기 때문입니다.

이게 타당한 일일까요? 기업에 지나치게 부당한 특혜를 제공하는 게 아닐까요? 이런 비판이 높아지자 최근에는 산업용 전기요금을 꾸준히 인상해 왔습니다. 그래서 산업용과 가정용 전기요금 사이의 격차가 이전에 비해 줄어들긴 했습니다. 하지만 아직도 여전히 산업용 요금이 싸다는 지적이 끊이지 않습니다. 특히 돈 많은 대기업일수록 전기요금에서 더 큰 혜택을 보고 있지요.

어떤 이들은 마치 일반 가정이나 개인들이 전기를 너무 많이 쓰는 탓에 전력 부족 사태가 일어날 것처럼 얘기하곤 합니다. 에너지 문제의 책임을 개인에게 돌리려는 거지요. 이는 사실이 아닙니다. 우리나라에서 전력 소비를 줄이려면 무엇보다 기업이 펑펑 쓰고 있는 산업용 전기에 대한 요금 특혜를 줄이는 것이 관건입니다. 각 개인이나 가정의 노력도 물론 필요하겠지만 말입니다.

그런데 사실, 에너지를 절약하고 효율적으로 사용하는 기술은 꽤 개발돼 있는 편입니다. 단열, 조명, 전동기(모터) 등과 같은 분야에서 특히 그러합니다. 이미 개발된 기술로 기존 기술을 대체하기만 해도 전체 에너지 사용량의 30퍼센트를 절약할 수 있다는 연구 결과도 있습니다. 물론 새로운 기술로 대체하려면 당장은 돈이 좀 들겠지요. 그렇지만 길게 볼 때 이득이 되리라는 건 누구나 짐작할 수 있는 일입니다. 에너지 절약과 효율 향상. 이것은 경제 구조를 바꾸든 개인적 삶의 방식을 바꾸든 에너지 전환을 이루는 데서 늘 염두에 둬야 할 중요한 일입니다.

재생에너지에 날개를

　이제부터 에너지 전환에서 차지하는 비중이나 의미가 아주 큰 재생에너지 이야기입니다. 재생에너지란 태양의 빛과 열, 바람, 바이오매스, 지열 같은 걸 말합니다. 바이오매스란 나무, 농작물 가지, 볏짚, 톱밥 같은 농업과 산림 부산물, 동물의 배설물 등을 포함한 다양한 생물자원과 유기성 폐기물을 아울러 일컫는 말입니다. 환경에 별다른 해를 끼치지 않는 작은 규모의 수력, 바다의 파도나 조수간만의 차(밀물 때와 썰물 때의 바닷물 높이 차)가 만들어내는 힘도 재생에너지에 포함됩니다. 지구 안에 본디부터 존재하는 땅 속의 열을 가리키는 지열(地熱)도 썩 훌륭한 재생에너지입니다. 지하의 뜨거운 증기나 지하수가 머금고 있는 열을 이용해 전기를 생산하지요.

이런 것들을 재생에너지라 부르는 까닭은 뭘까요? 그것은 화석연료처럼 사용하면 사라지는 게 아니라 끊임없이 다시 생겨나기 때문입니다. 모든 에너지를 만들어내는 원천인 태양과 이 지구가 사라지지 않는 한, 다시 말해 햇볕이 내리쬐고 바람이 불고 물이 흐르는 한, 지속적으로 에너지를 만들어낼 수 있지요.

그럼, 재생에너지에는 어떤 장점이나 특성이 있을까요? 첫째, 생태적입니다. 화석연료와 달리 자연을 거의 파괴하지 않고 이산화탄소를 비롯한 온실가스를 배출하지 않습니다. 둘째, 고갈을 염려하지 않아도 됩니다. 아무리 많이 써도 없어지지 않습니다. 셋째, 석유처럼 특정 지역에 집중돼 있지 않습니다. 어디서나 해당 지역의 조건과 특성에 맞는 에너지를 손쉽게 얻을 수 있지요. 그래서 재생에너지가 확산될수록 에너지의 외국 의존을 낮출 수 있습니다. 급작스런 에너지 위기가 닥쳐도 더 손쉽게 대응할 수 있고요.

넷째, 민주적인 풀뿌리 에너지입니다. 재생에너지는 지역 중심이어서 민주적이고 분산적인 성격을 띱니다. 거대 권력체가 아닌 지역 주민이 주도하여 에너지를 생산하고 활용할 수 있습니다. 소규모, 분산, 다양성 등이 주요 특성인 이유는 에너지원 자체가 자연 속에 흩어져 있기 때문입니다. 기후, 계절, 날씨, 낮과 밤 등은 늘 변하고 바뀝니다. 상황과 조건에 맞추어 여러 가지 방식을 다채롭게 조합해서 사용해야 효과를 더욱 높일 수 있습니다. 획일적이고 중앙 집중적인 대규모 방식을 토대로 하는 기존 에너지 시스템과는 정반대입니다. 이는 분권과 자치의 가치와 연결됩니다. 에너지 민주주의를 이루는 데에도 제격인 것이 재생에너지입니다.

다섯째, 새로운 일자리를 많이 만들어낼 수 있습니다. 경제적인 효과도 큽니다. 원자력발전이나 화석연료 에너지는 중앙 권력의 통제 아래 거대한 기계와 첨단 기술로 움직입니다. 재생에너지는 작고 다양하고 분산돼 있습니다. 상대적으로 사람 일손이 더 많이 필요합니다. 일자리가 다채롭게 만들어질 가능성이 높지요. 관련 기술이 눈부신 발전을 거듭하고 있어서 다양한 산업 발전의 효과도 기대할 수 있습니다.

여섯째, 평화의 에너지입니다. 재생에너지는 위험한 물질을 만들어내지 않습니다. 사고 가능성도 거의 없습니다. 무기로 개발할 수는 더더욱 없습니다. 석유처럼 갈등이나 분쟁을 일으킬 염려도 없습니다. 이 점에서도 재생에너지는 화석연료나 원자력 에너지와 큰 대조를 이룹니다.

이런 재생에너지를 세계 사람들은 얼마나 쓰고 있을까요? 다행스럽게도 재생에너지는 쭉쭉 뻗어나가고 있습니다. 예를 들면,

2017년 OECD 회원국의 새로운 전력 생산 설비 투자액 가운데 재생에너지가 차지한 비중이 무려 73.2퍼센트를 차지했습니다. 이에 비해 화석연료는 22.6퍼센트, 원자력은 4.2퍼센트에 그쳤지요. 특히 최근 들어 세계 전체적으로 풍력발전은 해마다 거의 20퍼센트 이상씩 성장하고 있습니다. 태양광발전은 풍력보다 늦게 시작되었음에도 해마다 50퍼센트 이상씩 성장하고 있습니다. 그 결과 2016년 한 해에만 세계적으로 원자력발전소 75개에 해당하는 전기 생산 능력을 갖춘 태양광발전 설비가 새롭게 갖추어졌습니다. 2017년 7월 태양광과 풍력발전 설비만으로도 전 세계 원자력발전 설비 용량의 두 배에 이를 정도지요. 세계 전체 전력 생산량에서 재생에너지가 차지하는 비중은 25퍼센트인 데 반해 원자력은 10퍼센트에 지나지 않습니다. 2050년쯤이면 재생에너지가 세계 전체 에너지 수요의 40퍼센트를 공급할 거라는 예측이 나오기도 하고요.

재생에너지의 비약적 성장을 이루어낸 원동력은 물론 시민 참여 확대입니다. 생태 파괴, 자원 고갈, 석유 분쟁, 경제 위기 등을 겪으면서 많은 사람이 지금의 에너지 현실로는 안 되겠다는 문제의식을 지니게 됐고, 새로운 에너지 대안을 찾아 나선 결과지요. 또 한 가지 중요한 배경이 있습니다. 재생에너지로 전기를 생산하는 데 들어가는 비용, 곧 발전단가가 빠르게 떨어져 재생에너지가 경제성을 확보했다는 게 그것입니다. 발전단가가 너무 높아 비용 부담이 크면 재생에너지에 대한 관심이 높아지더라도 널리 퍼지긴 어렵겠지요. 이래저래 재생에너지 확산은 거스를 수 없는 대세로 굳어지고 있습니다.

우리나라 재생에너지는 어디쯤 왔을까요? 안타깝게도 우리나라의 재생에너지 개발과 사용은 무척 낮은 수준에 머물러 있습니다. 국제적으로 통용되는 재생에너지 기준을 적용할 때 우리나라 전체 에너지 생산에서 재생에너지가 차지하는 비중은 2퍼센트 정도에 지나지 않습니다. 이는 OECD 35개 회원국 가운데 꼴찌 수준입니다. 참 민망한 일이 아닐 수 없습니다.

최근 정부도 이전에 비해 재생에너지 확대 정책을 나름대로 펼치고는 있습니다. 하지만 아직은 많이 미흡합니다. 재생에너지에 대한 사회적 관심이나 시민 참여가 높아져야 함은 물론 정부 정책도 더욱 획기적으로 바뀌어야 합니다. 경제 규모 등에서 일정 수준을 넘어서는 세계 주요 나라 가운데 재생에너지보다 원자력발전에서 더 많은 전기를 얻는 나라는 미국과 프랑스, 그리고 우리나라밖에 없다는 사실을 되새겨야 할 때입니다.

과거와 미래 사이에서

 재생에너지에 단점은 없을까요? 여기서는 재생에너지에 대한 비판과 그것을 둘러싼 논쟁을 잠깐 살펴보겠습니다. 이를 통해 우리는 재생에너지를 좀 더 깊이 있게 이해할 수 있습니다.

 비판자들의 주장을 정리해보면 대체로 다음과 같습니다. 첫째, 재생에너지는 아직까지는 기술 수준이 낮아서 필요한 만큼의 에너지를 충분히 만들어내지 못한다. 둘째, 아직은 비싸고 비용이 많이 든다. 셋째, 날씨, 지형, 계절의 변화와 같은 자연적 조건의 영향을 크게 받는 탓에 안정적으로 전기를 만들어내기 어렵다. 넷째, 같은 양의 전기를 생산한다고 가정할 때 원자력보다 태양광이나 풍력이 훨씬 더 많은 땅을 차지하며, 풍력이나 태양광 발전 시설은 자연경관을 훼손한다. 다섯째, 우리나라는 풍력이나 태양광 발전을 하기엔 자연 조건이 불리하다.

　이런 비판들 중에는 맞는 것도 있고 귀담아 들을 것도 물론 있습니다. 하지만 잘못된 것, 과장된 것, 괜한 트집 잡기 같은 것도 있습니다. 첫째와 둘째에 대해서는 이미 얘기했습니다. 현재의 재생에너지 기술 수준이 충분히 만족스럽지 못한 건 사실이더라도 눈부신 발전을 거듭하고 있다는 게 더 중요한 사실입니다. 아울러, 수많은 나라의 정부가 재생에너지 지원 정책을 갈수록 적극적으로 펼치는 데 힘입어 비용 또한 빠르게 낮아지고 있습니다. 재생에너지는 무조건 비싸다고 여기는 건 낡은 고정관념입니다. 셋째 주장은 사실입니다. 하지만, 바로 그렇기 때문에 재생에너지를 더욱 늘림으로써 보다 안정적이고 탄탄한 재생에너지 생산 시스템을 만들어나가야 합니다.

　넷째 주장은 어떨까요? 이 역시 부분적으로 사실이기는 합니다. 하지만 얼마든지 해결책을 찾을 수 있습니다. 가령 태양광 설비는 아주 다양한 곳에 설치할 수 있습니다. 일반 가정에선 아파트 베란다나 주택 지붕, 건물이나 공공기관에선 옥상이나 실외 주차장 같은 곳을 활용할 수 있지요. 전국에 깔린 고속도로 옆의 쓰이지 않는

건물 옥상의 태양 전지 패널

땅도 활용 가능합니다. 재생에너지에 대한 철학과 의지만 확고하다면 공간은 그리 큰 문제가 아닙니다. 재생에너지 시설이 자연경관을 해친다는 주장은 다른 각도에서 들여다보아야 합니다. 즉, 그런 얘기를 하자면 전국 곳곳에 즐비하게 세워진 흉물스런 송전탑이나 전봇대 같은 것부터 먼저 문제 삼아야 하지 않을까요? 이것들은 화석연료와 원자력 중심 에너지 시스템의 산물입니다. 거대 발전소에서 중앙 집중 방식으로 생산된 전기를 전국에 흩어져 있는 개별 소비지들로 보내는 시설이 이것들이지요.

다섯째 주장이 안고 있는 문제는 독일 사례를 보면 잘 알 수 있습니다. 독일은 세계에서 태양광으로 전기를 가장 많이 생산하는 나라입니다. 한데 독일은 국토 면적당 내리쬐는 햇볕이 우리나라보다 30~40퍼센트나 적습니다. 이 사실을 어떻게 설명해야 할까요? 여기서도 역시 중요한 것은 재생에너지에 대한 철학과 의지라는 걸 다시금 확인할 수 있습니다.

얘기를 정리해보겠습니다. 환경, 민주주의, 경제, 복지, 평화 등 어느 모로 보나 우리가 가야 할 길은 재생에너지입니다. 재생에너지는 독보적인 잠재력과 가능성을 지니고 있습니다. 단점을 뛰어넘는 훨씬 많은 장점을 가지고 있습니다. 특히, 앞으로 재생에너지가 확산될수록 재생에너지의 단점이나 한계는 훨씬 더 잘 해결해나갈 수 있을 것입니다. 과거로 퇴행하려면 화석연료와 원자력을 선택하면 됩니다. 그러나 미래로 나아가려면 재생에너지를 선택해야 합니다.

바이오 연료는 재생 에너지일까?

　재생에너지 이야기에서 요즘 뜨거운 논쟁거리로 떠오른 게 있습니다. 바이오 연료입니다. 바이오 연료란 식물을 이용해 만든 액체 연료입니다. 크게 바이오 에탄올과 바이오 디젤의 두 가지로 나눕니다. 휘발유를 대체하는 바이오 에탄올은 옥수수와 사탕수수 등으로 만들며, 미국과 브라질에서 주로 생산합니다. 미국에서는 옥수수가, 브라질에서는 사탕수수가 주로 사용되지요. 경유를 대체하는 바이오 디젤은 콩, 유채, 기름야자나무(이 나무의 열매로 만드는 기름을 야자유 또는 팜유라 부른다) 등으로 만듭니다. 바이오 연료는 석유를 대신할 수 있어서 최근 들어 수요가 빠르게 늘고 있습니다.

열대우림을 밀어내고 만든 사탕수수밭과 송전탑 (브라질)

바이오 연료가 논쟁을 불러일으키는 이유는 뭘까요? 초점은 바이오 연료가 재생에너지냐 아니냐 하는 것입니다. 바이오 연료는 식물로 만듭니다. 식물은 고갈되는 게 아니라 끊임없이 재생 가능한 생명체이므로 바이오 연료는 재생에너지가 아니냐는 거지요. 결론부터 말하면 바이오 연료는 재생에너지라 할 수 없습니다. 수많은 문제를 안고 있기 때문입니다.

먼저, 바이오 연료는 환경을 크게 파괴합니다. 바이오 연료를 만드는 데 쓰이는 작물은 보통 하나의 작물을 대규모로 집중 재배하는 방식으로 생산됩니다. 그래서 필연적으로 화학비료, 농약, 농기계

등을 많이 사용하게 됩니다. 환경을 오염시키고 석유를 대량으로 소비할 수밖에 없지요. 석유를 대체하려고 만드는 게 바이오 연료인데 이것을 만드는 과정에서 석유를 대량으로 소비하고 있다는 얘깁니다. 어이없는 역설이지요. 물도 아주 많이 쓰고, 그 과정에서 발생하는 폐수 배출과 수질 오염 등도 심각합니다.

이들 작물을 재배하는 과정에서 대규모로 벌어지는 열대우림 파괴도 지나칠 수 없는 문제입니다. 사탕수수를 집중 재배하는 브라질의 아마존 열대우림과 기름야자나무를 대량으로 재배하는 동남아시아 지역의 열대우림이 대표적이지요. 열대우림 지역은 면적은 지구 표면의 10퍼센트에 지나지 않지만 지구 전체 생물 다양성의 90퍼센트를 품고 있습니다. 수많은 생명체에게 산소를 공급해주는 '지구의 허파'이자 '산소 공장'이기도 합니다. 이런 열대우림이 바이오 연료 탓에 무차별적으로 훼손되고 있는 겁니다.

파괴되는 건 자연만이 아닙니다. 사람도 큰 피해를 봅니다. 바이오 연료 작물을 생산하는 대농장을 개발하는 과정에서 본래 그 지역에 살던 수많은 원주민이 자기 땅에서 쫓겨납니다. 바이오 연료 작물을 재배하느라 정작 사람이 먹을 곡물을 생산하는 경작지는 줄어듭니다. 바이오 연료 작물에 대한 수요가 크게 늘어나는 바람에 작물 가격이 오르고, 덩달아 그런 작물을 원료로 만드는 갖가지 식품의 가격도 오릅니다. 바이오 연료가 식량 부족 사태를 일으키는 커다란 원인 가운데 하나라는 비판이 쏟아지는 까닭이지요.

한 대의 스포츠용 차량 연료통을 한 번 채우는 데 들어가는 바이오 연료를 만드는 데 쓰이는 곡물의 양은 한 사람이 1년 내내 먹을 수 있는 식량의 양에 맞먹는다고 합니다. 이때 소비되는 물의 양은 미국인 한 명이 열여섯 달 동안 쓸 수 있는 물의 양과 같다고도 하고요. 세계 곳곳에서 굶주림으로 신음하는 사람들이 그득한 판에 이게 올바른 일일까요? 바이오 연료에서는 재생에너지의 여러 장점을 찾아보기 어렵습니다. 도리어 화석연료나 원자력 에너지가 일으키는 문제들을 동일하게 일으킵니다. 바이오 연료는 겉모습만 재생에너지와 닮았을 뿐 진정한 의미에서 재생에너지라 볼 수 없습니다.

와우, 이런 나라들도 있는데

　세계를 둘러보면 에너지 전환을 착실하게 실천하고 있는 나라들이 더러 있습니다. 대표적인 곳으로는 독일이 꼽힙니다. 독일의 에너지 정책을 상징적으로 보여주는 것은 수도 베를린에 있는 국회의사당입니다. 의사당 건물 옥상에는 태양광 발전 설비가 갖추어져 있고, 지하에서는 식물을 연료로 쓰는 바이오디젤로 발전기를 돌립니다. 그렇게 해서 의사당에서 사용하는 전체 전력의 80퍼센트 이상을 재생에너지로 생산합니다.

　독일은 지난 2000년에 '재생가능에너지법'을 만들었습니다. 재생에너지로 생산한 전기를 '발전차액지원제도'라는 정책 수단을 통해

상대적으로 비싸게 매입함으로써 재생에너지 설비 투자를 지원하고 생산 비율을 높이자는 게 이 법의 골자입니다. 재생에너지로 전기를 만드는 데 들어간 비용을 법적으로 보전해주는 거지요. 물론 이 때문에 전기요금은 상당히 올랐습니다. 2000년에 비해 2010년 전기요금이 70퍼센트나 올랐다지요. 이렇게 오른 전기요금의 상당부분이 재생에너지를 사들이는 데 쓰이는 겁니다.

이에 힘입어 재생에너지는 급속히 늘어난 반면 원자력발전 비중은 크게 줄었습니다. 2001년까지만 해도 전체 전기 생산량에서 원자력발전이 차지하는 비중은 30퍼센트, 재생에너지는 6.6퍼센트였습니다. 하지만 2018년에는 원전 11.3퍼센트, 재생에너지 36.3퍼센트로 크게 바뀌었습니다. 나아가 재생에너지 비중을 2050년에는 80퍼센트까지 높일 계획입니다. 2019년 1월에는 현재 전체 전기 생산량에서 40퍼센트 정도를 차지하는 석탄 화력발전소를 2038년까지 완전히 없애겠다는 방침을 발표하기까지 했지요. 독일은 동시에 에너지 수요를 엄격하게 관리하고 에너지 효율을 높이는 데에도 많은 힘을 쏟고 있습니다.

독일은 어떻게 해서 이런 일을 해낼 수 있었을까요? 정부의 강력한 정책 추진만으로 이런 성과를 낼 수 있을까요? 독일에서는 오래 전부터 원전 반대 운동을 비롯해 풀뿌리 시민들의 반핵 환경운동이 활발하게 펼쳐져 왔습니다. 이를 바탕으로 정치권에서도 녹색당과 같이 환경 가치를 중시하는 정당이 탄탄한 자리를 차지하고 있습니다. 그래서 정부와 정치권도 대체로 에너지 전환에 적극적인 편입니다. 게다가 에너지 전환 노력이 새로운 일자리를 많이 만들어내고 다른 사회경제적 발전과 맞물려 진행된 덕분에 폭넓은 지지를 얻고 있습니다.

북유럽의 스웨덴도 주목할 만합니다. 석유나 석탄이 별로 나지 않는 스웨덴은 지난 2006년 앞으로 15년에 걸쳐 석유 사용을 점점 줄여나갈 것이며, 특히 2020년부터 난방용 석유 소비는 전혀 하지 않겠다는 '석유 제로 선언'을 발표했습니다. 산업이나 수송용으로 쓰이는 석유는 40퍼센트까지 줄이겠다고 밝혔고요. 스웨덴에는 볼보와 사브라는 세계적으로 유명한 자동차 기업이 두 군데 있습니다. 스웨덴 정부는 이들과 협력해 석유 대체 연료를 사용하는 자동차를 개발했습니다. 병원이나 도서관 같은 공공기관에는 석유 대신 다른 연료를 쓰도록 보조금을 지원했습니다. 일반 개인에 대한 배려도 빠뜨리지 않았습니다. 대체 연료를 쓰는 난방시설을 설치하는 주택 소유자에게 다양한 혜택을 제공했지요.

결과는 어땠을까요? 스웨덴은 1970년에 에너지의 77퍼센트를 석유에서 얻었습니다. 하지만 2003년을 지나면서 석유의존도를 30퍼센트 아래로 떨어뜨렸습니다. 석유 제로 선언을 하기 이전부터도 석유에서 벗어나려는 노력을 꾸준히 기울여왔다는 증거지요. 하긴 스웨덴은 지난 1980년 세계에서 처음으로 2020년까지 원전을 완전히 폐기하겠다는 정책을 국민투표로 통과시킨 나라입니다. 대체 에너지 공급이 충분치 않아 그 시점이 조금 늦어지고 있긴 하지만 말입니다.

에너지 전환의 핵심 원칙 가운데 하나인 민주주의를 활발하게 실천하는 나라로는 덴마크가 손꼽힙니다. 덴마크는 풍력발전이 세계 최고 수준으로 발달한 나라입니다. 눈여겨볼 것은 이것을 이루어낸 방식입니다. 이 나라에서는 수많은 일반 시민이 스스로 에너지의 생산, 분배, 저장 같은 여러 활동에 직접 참여합니다. 정부가 위에서 이끌거나 기업이 큰돈을 투자하는 게 아닙니다. 에너지 전환의 주체가 시민 자신들입니다. 참여의 틀은 대개 협동조합입니다. 협동조합이란 일반 시민들이 여러 생활상 필요나 요구를 충족하려고 서로 힘을 합쳐 자율적으로 만든 협력 조직을 말합니다.

이에 따라 덴마크 사람들은 풍력이든 태양광이든 지열이든 지역 여건에 맞는 에너지 형태를 스스로 선택합니다. 중앙집중식 거대 발전소가 아니라 각 지역 단위의 소규모 분산형 발전소가 널리 퍼진 건 그 당연한 결과입니다. 성과도 눈부십니다. 풍력발전은 이미

2017년부터 전체 전력의 40퍼센트 이상을 공급했고, 덴마크 정부는 2030년까지 전력 수요 가운데 적어도 50퍼센트를 풍력이나 태양광 같은 재생가능한 에너지에서 얻겠다고 발표했습니다. 이 목표를 달성하면 풍력발전 업계뿐 아니라 친환경 부문 전반에서 더 많은 일자리를 창출할 것으로 덴마크 정부는 기대하고 있습니다.

  화석연료와 원자력 에너지 사용을 줄이고 대신에 재생에너지를 키우는 것은 자연과 사이좋게 어깨동무하며 사는 길, 거대 권력과 자본의 '노예'가 되기를 거부하는 길, 진정으로 '인간다운 삶'과 높은 생활의 질을 추구하는 길, 민주적이고 정의로운 사회를 일구는 길로 연결됩니다. 에너지 전환이 궁극적으로 가고자 하는 길 또한 바로 이것입니다.

기술 발전을 가로질러

    기술 발전은 빛과 그늘을 동시에 거느리고 있습니다. 우리를 행복으로 이끌기도 하지만 위험과 위기에 빠뜨리기도 합니다. '양날의 칼'이라 할 수 있는 기술 발전의 겉과 속을 제대로 분간할 줄 아는 안목이 필요합니다. 이는 에너지 전환에서도 마찬가지입니다.
    이를테면 전기 자동차를 한번 살펴볼까요? 앞에서 언급했듯이 최근 전기 자동차는 친환경 자동차의 대표주자로 큰 주목과 관심을 모으고 있습니다. 전기 자동차는 기존 자동차처럼 화석연료를 태우는 게 아니라 말 그대로 전기를 동력으로 하여 움직이는 자동차입니다. 때문에 배기가스가 전혀 나오지 않습니다. 소음도 작습니다. 여기서 던져야 할 질문은 '그 전기는 어디서 나오는가?'입니다.

전기 자동차에 쓰이는 전기를 화석연료나 원자력발전에 의존한다면 어떻게 될까요? 전기 자동차 자체는 친환경 기술의 산물이지만 그것으로 오염물질 배출을 줄이는 데는 한계가 뚜렷할 수밖에 없습니다. 전기 자동차에서 배출되는 오염물질은 없더라도 전기 자동차를 움직이려면 화석연료 발전소는 더 많은 오염물질을 내뿜고 원자력발전소는 더 많은 방사능을 만들어내야 하니까요. 하여 결국은 '전기를 어떻게 만들 것인가?'와 '어떻게 하면 자동차를 덜 사용할 것인가?'의 문제로 돌아오게 됩니다. 화석연료와 자동차 중심의 기존 시스템은 그대로인 채 단순히 전기 자동차만 늘어난다면 환경이나 에너지 전환 측면에서 얻을 수 있는 효과는 제한적일 수밖에 없다는 거지요. 이는 에너지 기술 발전이 에너지 문제의 완벽하고도 최종적인 해결책이 되기는 어렵다는 뜻이기도 합니다.

최근 새롭게 떠오르는 또 하나의 에너지는 수소 에너지입니다. 수소는 태우면 에너지를 만들어내는데, 태워도 나오는 것은 물뿐입니다. 다른 오염물질은 거의 배출하지 않기에 흔히 무공해 에너지원이라 불립니다. 수소는 일반 연료로 쓰일 뿐만 아니라 수소 자동차나 연료전지 등에도 쓰입니다. 그래서 어떤 사람들은 앞으로 기술만 더 개발되면 화석연료와 원자력 중심의 경제를 뛰어넘어 수소 경제 시대가 올 거라는 성급한 예측을 내놓기도 합니다. '수소 혁명'이란 말까지 사람들 입에 오르내리곤 하지요.

여기서도 문제는 비슷합니다. '수소를 어디서 어떻게 얻을 것인가?'가 그것입니다. 수소를 얻는 방법은 크게 두 가지입니다. 하나는 물을 전기분해하는 것입니다. 잘 알다시피 물(H_2O)은 수소와 산소로 이루어져 있습니다. 다른 하나는 화석연료에서 수소를 분해하는 것입니다. 현재로써는 기술의 한계로 수소의 대부분을 원유, 갈탄(가장 질이 낮은 석탄의 일종), 천연가스 같은 화석연료에서 얻고 있습니다. 결국 현재의 수소 에너지는 화석 에너지라고 할 수 있는 셈이지요.

물론 물에서 수소를 얻는 방법을 연구하고는 있습니다. 문제는 수소와 산소를 분리시켜야 한다는 점에서 발생합니다. 이것을 하는 데 필요한 에너지를 또 다시 화석연료나 원자력 에너지에 의존해야 하니까요. 또한 이 방식은 효율성이 아주 낮습니다. 게다가 수소는 기체 중에서 가장 가볍고 폭발할 위험이 큽니다. 그래서 수소를 저장하거나 운반하려면 고난도의 기술이 필요한데, 이 기술은 거의 개발돼 있지 않습니다. 우리나라의 경우는 수소 자동차가 특정 자동차 재벌 기업의 이해관계와 지나치게 밀착돼 있다는 점도 우려스러운 대목입니다. 이런 여러 가지 측면을 고려할 때 수소 에너지를 화석연료를 대신할 미래의 대안 에너지로 보기는 어렵습니다. 기대하는 만큼 경제적인 효과를 볼 것인지에 대해서도 의구심이 높고요.

약간 다른 얘기지만 이런 의문도 품어봄 직합니다. 에너지 기술 발전이나 효율 향상이 끊임없이 이루어진다면 대량생산, 대량소비, 대량폐기 시스템으로 돌아가는 지금의 성장주의 경제가 앞으로도 지속될 수 있을까요? 성장주의 경제의 원천인 석유를 예로 들어보겠습니다. 앞에서 살펴봤듯이 석유를 대체할 수 있는 물질은 지금도 속속 개발되고 있고, 앞으로는 더 많이 개발되겠지요. 그렇지만 석유보다 나은, 아니 석유만큼이라도 되는 대체 물질을 만들어내기는 어렵습니다.

하나의 보기로 바이오 연료의 에너지 효율을 한번 살펴보지요. 옥수수를 재배하여 에탄올이라는 바이오 연료를 만들기까지 쓰이는 에너지의 양과, 에탄올을 자동차 연료로 쓸 때 발생하는 에너지의 양 사이에는 별다른 차이가 없다고 합니다. 한마디로, 자원과 돈과 수고를 들여 에탄올을 생산해봤자 '남는 것'이 없다는 거지요. 석유 대체 물질이 계속 개발되더라도 그것이 지금 석유가 누리는 압도적인 지위와 영향력을 대신하지는 못합니다. 부분적인 용도나 목적으로 요긴한 구실을 할 순 있겠지만 말입니다. 결국, 기술 발전에 힘입어 등장할 석유 대체 물질이 석유를 원동력으로 하여 번창해온 지금까지와 같은 성장주의 경제를 뒷받침하기는 어려우리란 얘깁니다.

에너지 효율 향상과 관련해 또 한 가지 곱씹어볼 점이 있습니다. '제본스 패러독스(Jevons Paradox)'라는 말이 있습니다. '제본스의 역설'이라는 뜻의 이 말은 19세기 영국 경제학자 윌리엄 스탠리 제본스가 당시 영국의 석탄 소비량을 분석한 결과 내놓은 이론을 가리킵니다. 내용인즉슨, 석탄 사용의 효율성이 높아지면 석탄 소비가 줄어드는 게 아니라 오히려 늘어나는 역설적인 현상이 나타나더라는 게 핵심입니다. 어떤 물질이나 기계, 시설 등의 에너지 효율이 높아지는 것 자체는 '좋은 일'입니다. 하지만 효율이 높아지니까 그 물질이나 기계, 시설을 더 많이 사용하게 되고 결과적으로는 에너지 사용량이 더 늘어난다는 얘기지요. 이처럼 높아진 에너지 효율성은 때로는 소비나 경제성장을 더 자극함으로써 더 큰 환경 파괴를 일으킬 수도 있습니다.

기술 혁신은 한계와 결점을 안고 있습니다. 그래서 기술 개발을 에너지 전환의 핵심 전략으로 삼기는 어렵습니다. 기술은 '만병통치약'이 아닙니다.

다시 낙타를 타기 싫다면

다시 강조하건대, 그러므로 가장 중요한 것은 에너지를 지나치게 낭비하는 경제체제와 산업구조, 사람들의 생활방식 등을 근본적으로 바꾸는 일입니다. 이것이 전제되지 않으면 아무리 재생에너지가 늘어나고 기술 혁신이 이루어져도 에너지 위기에서 벗어나기 어렵습니다. 원자력발전을 없애기도 힘듭니다.

지금의 지배적인 경제는 대량생산, 대량소비, 대량폐기라는 '끝없는 낭비와 탕진의 악순환'을 바탕으로 해서 굴러가고 있습니다. 그 결과가 바로 오늘날 인류가 맞닥뜨리고 있는 전 지구적인 환경 위기, 에너지 위기, 경제 위기지요. 돈, 경쟁, 경제성장 따위를 숭배하는 이 악순환의 굴레에서 벗어나지 못한다면 지구의 지속가능한 미래는 기대하기 어렵습니다. 이것들은 기본적으로 자연과 사람을 망가뜨리고 학대함으로써만 이루어질 수 있으니까요. 대신에 우리가 추구해야 할 경제는 에너지와 자원을 낭비하지 않고 자연과 생명의 가치를 존중하는 생태적 경제, 사람의 진정한 행복과 삶의 질을 높이는 '인간의 얼굴'을 한 경제입니다. 에너지 전환으로 이룩하고자 하는 지속가능하고도 정의로운 경제가 바로 이것이지요.

화석연료와 원자력 에너지 중심의 사회경제 시스템은 두 가지 전제 위에서만 굴러갈 수 있다는 사실을 잊지 말아야 합니다. 하나는 에너지와 자원이 무한히 공급돼야 한다는 것입니다. 다른 하나는 쓰레기와 오염물질 또한 무한히 배출돼야 한다는 것입니다. 지금의 경제가, 지금의 우리 생활이 많이 만들고 많이 가지고 많이 쓰고 많이 버리는 것을 당연시하는 것도 이런 배경에서입니다. 이런 문명은 필연적으로 거대화, 집중화, 획일화로 치닫게 됩니다. 사람과 자연에 대해 모두 파괴적이고 폭력적인 체제라고 할 수 있지요.

지구는 공간적으로도 한계가 있고, 자원도 한정돼 있습니다. 쓰레기와 오염물질을 처리할 수 있는 능력 또한 무한하지 않습니다. 지구가 더 커질 수 있나요? 고갈된 자원이 다시 생겨날 수 있나요? 지구가 감당할 수 있는 생태적 환경 용량은 정해져 있습니다. 또한

지구는 단 하나뿐입니다. 자연 생태계를 저금이라 한다면 '원금'을 자꾸 까먹지 말고 '이자'만으로 살아가는 게 가장 지혜로운 문명의 형태이자 삶의 방식입니다.

이제 개인이든 나라든 성장 없는 삶, 성장 없는 경제, 성장 없는 미래에 적응할 줄 알아야 합니다. 경제발전도, 재생 불가능한 자원을 쓰는 것도, 소유하고 소비하는 것도 오직 '어느 정도까지만' 좋습니다. 근본적으로 유한한 세상에서 끝없는 성장과 무한한 팽창은 더는 가능하지 않습니다. 바람직하지도 않습니다. 성장이 늘 좋은 것만은 아니며, 물질의 과잉이 그다지 현명하지 않다는 사실을 우리 인류는 시나브로 깨달아가고 있습니다. 지금의 에너지 위기는 이런 '한계에 대한 성찰'과 절제의 미덕이 그 어느 때보다 절실히 요청되고 있다는 사실을 일깨워줍니다.

성장이 멈추면 세상도 끝날까요? 아닙니다. 삶은 계속됩니다. 더구나 갈수록 깊어가는 양극화 현상은 설령 성장을 끝도 없이 계속한다고 한들 그 열매가 극소수에게만 돌아간다는 사실을 잘 보여줍니다. 성장의 종말은 비참한 끝이 아니라 새로운 시작입니다.

에너지 전환을 이루지 못할 때 우리에게는 어떤 미래가 기다리고 있을까요? 석유로 먹고사는 사우디아라비아의 격언 가운데 이런 게 있습니다. "내 아버지는 낙타를 타고 다녔다. 나는 차를 몰고 다닌다. 내 아들은 제트 여객기를 타고 다닌다. 내 아들의 아들은 다시 낙타를 타고 다닐 것이다." 기존의 낡은 에너지와 사회경제 시스템을 계속 고집할 때 빚어질 현대 문명의 파국적 결말을 빗댄 말이지요.

  사람은 자연의 일부이고 이 지구를 이루는 수많은 생명체 가운데 하나입니다. 하지만 사람은 특별한 능력을 지니고 있습니다. 우리는 깊이 성찰하고 비판적으로 사유할 줄 압니다. 그럼으로써 세상과 삶의 진실을 알 수 있고, 이를 바탕으로 우리에게 닥친 문제를 해결할 수 있습니다. 우리에게는 '나쁜 일'을 할 능력도 있지만 '좋은 일'을 할 능력도 있습니다. 자연을 망가뜨리고 에너지와 자원을 마구 낭비하며 사는 것도 인간이지만, 그런 세상과 삶을 바꿀 주체 또한 인간입니다. 이제 이런 능력을 에너지 전환에서부터 발휘할 때입니다.

도움받은 책

- 『값싼 석유의 종말, 그리고 우리의 미래』 안 르페브르 발레이디에 지음, 김용석 옮김, 현실문화연구 펴냄, 2009
- 『거의 석유 없는 삶』 제롬 보날디 지음, 성일권 옮김, 고즈윈 펴냄, 2008
- 『기후정의』 이안 앵거스 엮음, 에너지기후정책연구소 기획, 김현우 외 옮김, 이매진 펴냄, 2012
- 『나무의 노래』 데이비드 조지 해스컬 지음, 노승영 옮김, 에이도스 펴냄, 2018
- 『나쁜 에너지 기행』 에너지기후정책연구소 지음, 이매진 펴냄, 2013
- 『녹색 시민 구보 씨의 하루』 존 라이언, 앨런 테인 더닝, 고문영 옮김, 그물코 펴냄, 2002
- 『미래에서 온 편지』 리처드 하인버그 지음, 송광섭·송기원 옮김, 부키 펴냄, 2010
- 『생태적 경제기적』 프란츠 알트 지음, 박진희 옮김, 양문 펴냄, 2004
- 『석유, 욕망의 샘』 김재명 지음, 프로네시스 펴냄, 2007
- 『석유 에너지-세계시민수업 2』 이필렬 글, 안은진 그림, 풀빛 펴냄, 2016
- 『아톰의 시대에서 코난의 시대로』 강양구 지음, 프레시안북 펴냄, 2007
- 『악마의 눈물, 석유의 역사』 권터 바루디오 지음, 최은아 외 옮김, 뿌리와이파리 펴냄, 2004
- 『에너지 노예, 그 반란의 시작』 앤드류 니키포룩 지음, 김지현 옮김, 황소자리 펴냄, 2013

- 『에너지란 무엇인가』 바츨라프 스밀 지음, 윤순진 옮김, 삼천리 펴냄, 2011
- 『에너지 명령』 헤르만 셰어 지음, 모명숙 옮김, 고즈윈 펴냄, 2012
- 『에너지 빅뱅』 이종헌 지음, 프리이코노미북스 펴냄, 2017
- 『에너지 안보』 코너하우스 지음, 에너지기후정책연구소 기획, 이정필 외 옮김, 이매진 펴냄, 2015
- 『에너지 위기, 어떻게 해결할 것인가』 헤르만-요제프 바그너 지음, 정병선 옮김, 길 펴냄, 2010
- 『에너지 전환과 에너지 시민을 위한 에너지 민주주의 강의』 에너지기후정책연구소 엮음, 이매진 펴냄, 2016
- 『에너지 주권』 헤르만 셰어 지음, 배진아 옮김, 고즈윈 펴냄, 2006
- 『에너지 혁명 2030』 토니 세바 지음, 박영숙 옮김, 교보문고 펴냄, 2015
- 『에코토이, 지구를 인터뷰하다』 리오넬 오귀스 외 지음, 고정아 옮김, 효형출판 펴냄, 2006
- 『왜 석유가 문제일까?』 제임스 랙서 지음, 유윤한 옮김, 반니 펴냄, 2014
- 『원자력 논쟁』 오승현 글, 최경식 그림, 풀빛 펴냄, 2017
- 『원전 마피아』 아카하타 편집국 지음, 홍상현 옮김, 나름북스 펴냄, 2014
- 『자원전쟁』 에리히 폴라트 외 지음, 김태희 옮김, 영림카디널 펴냄, 2008
- 『작은 것이 아름답다』 E. F. 슈마허 지음, 이상호 옮김, 문예출판사 펴냄, 2002
- 『재생에너지란 무엇인가?』 폴 마티스 지음, 이수지 옮김, 민음인 펴냄, 2006
- 『제로 성장 시대가 온다』 리처드 하인버그 지음, 노승영 옮김, 부키 펴냄, 2013
- 『착한 에너지 기행』 에너지기후정책연구소 지음, 이매진 펴냄, 2010
- 『착한 에너지 나쁜 에너지 다른 에너지』 이강준 외 지음, 이매진 펴냄, 2014

- 『착한 전기는 가능하다』 하승수 지음, 한티재 펴냄, 2015
- 『체르노빌의 아이들』 히로세 다카시 지음, 프로메테우스 펴냄, 2011
- 『탄소민주주의』 티머시 미첼 지음, 에너지기후정책연구소 옮김, 생각비행 펴냄, 2017
- 『태양과 바람을 경작하다』 이유진 지음, 이후 펴냄, 2010
- 『태양도시』 정혜진 지음, 그물코 펴냄, 2007
- 『파티는 끝났다』 리처드 하인버그 지음, 신현승 옮김, 시공사 펴냄, 2006
- 『한국탈핵』 김익중 지음, 한티재 펴냄, 2013
- 『핵을 넘다』 이케우치 사토루 지음, 홍상현 옮김, 나름북스 펴냄, 2017
- 『행복한 에너지』 최영민 지음, 분홍고래 펴냄, 2017
- 『환경 논쟁』 장성익 글, 박종호 그림, 풀빛 펴냄, 2012
- 『환경에도 정의가 필요해』 장성익 지음, 풀빛 펴냄, 2014
- 『환경주의자가 알아야 할 자본주의의 모든 것』 존 벨라미 포스터 외 지음, 황정규 옮김, 삼화 펴냄, 2012
- 『희생의 시스템 후쿠시마 오키나와』 다카하시 데쓰야 지음, 한승동 옮김, 돌베개 펴냄, 2013
- 『CO_2와의 위험한 동거』 조지 몬비오 지음, 정주연 옮김, 홍익출판사 펴냄, 2008

- 「한겨레」, 「경향신문」, 「오마이뉴스」, 「프레시안」 관련 기사들

* 이 책의 주요 독자가 청소년과 어린이임을 고려하여, 책 본문에서는 인용하거나 도움을 받은 자료의 출처를 일일이 명기하지 않은 대목이 있음을 밝혀 둡니다.